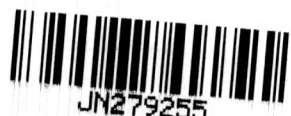

ハワイで元気に赤ちゃんを産もう！

―妊娠・出産を南の島で快適にする方法―

「ハワイで出産」研究会編・著

私には夢がある

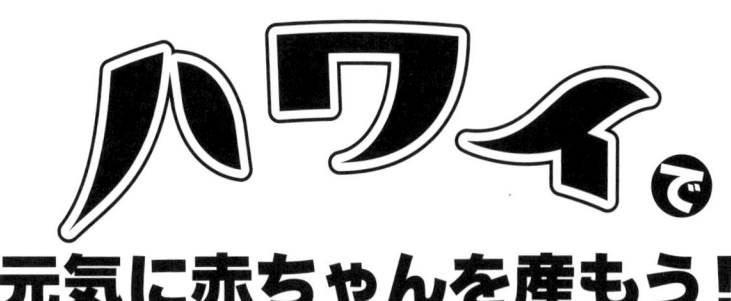

海外出産・育児コンサルタント、そして国際医療ソーシャルワーカーの経験より、
これまで私にも多くの方から『ハワイで出産』の問い合わせがありました。

ハワイでの過ごし方、出産後の手続き……。

この本は、ハワイでの出産を考えている方々のそういった疑問に答える1冊です。

実際の体験者でなければわからない情報がまとめられています。

「ハワイでの出産」がどんなものか知るための、必携の1冊と言っても過言ではないでしょう。

――ノーラ・コーリ

あなたのお子さんを、アメリカ国籍にできることを知っていますか？

実は、アメリカで生まれた子供は、たとえ両親が日本人でも、アメリカ国籍を得ることができます。しかも22歳までは日本との「二重国籍」を維持できますから、将来、日米どちらかの国籍を、子供本人が選ぶことができます。

常夏の島、ハワイ。青い空、風にそよぐやしの木、真っ白な砂浜、サンゴ礁の海……日本人のリゾート地として最も有名なこの島は、ここ数年、「海外出産のメッカ」となりつつあります。

1年を通して温暖なこの島は、臨月の妊婦さんや生まれたての赤ちゃんにやさしい気候です。産前の大切なひと時を、美しい大自然の中で気持ちよくリラックスして過ごすのは、一生の思い出になるでしょう。また、ハワイは離島でありながら、非常に高い医療水準を備え、日本語が通じやすい風土があります。日本から「最も近いアメリカ」として、今、多くの女性が「ハワイで出産」に向けて日本を出発しています。

もちろんハワイでの出産は多くの妊婦さんにとって不安です。言葉のこと、費用のこと、病院やお医者様、役所へ届け出る各種の書類手続き……。この本では、そうした「ハワイ出産のポイント」を、体験者の声をもとに、わかりやすくまとめました。ハワイに行ったことがない方、出産したことのない方にもハワイでの出産がどういうものか、この1冊ですべてがわかります。ただし、この本は実際の体験に基づく記録です。そのため、費用、その他の諸事情によって、状況は変わってきます。その点はご注意ください。

実際にハワイでの出産を体験した多くの女性が「またハワイで産みたい」と口をそろえて答えます。「アメリカ国籍」という子供への最高のプレゼントだけでなく、そこで得られる体験は、日本の出産では想像できない大きなものがあるようです。

今、一部の芸能人や有名人だけでなく、多くの一般の女性がハワイでの出産を体験しはじめています。この本がそんな方にとってお役に立つことを祈っています。

「ハワイで出産」研究会

Let's have a baby cheerfully in Hawaii

第1章

美しい自然、アメリカ国籍取得。魅力いっぱいのハワイ出産

サンゴ礁の海、真っ青な空、美しい自然がいっぱい

ハワイといえば、青いサンゴ礁の海、真っ青な空。夕立のシャワーの後にはしばしば虹がかかり、とってもきれい。真っ白なビーチでお散歩するもよし、公園のきれいな芝生の上で横になるもよし。陽射しの強い午後は、大きなバニヤンツリーの木陰で読書するのもおしゃれ。少し遠出をすれば観光客がまったく来ない、地元の人だけが知っている素敵なビーチや渓谷がたくさんあります。ハワイではいつでも美しい自然が楽しめるのです。

年間を通じて温暖、お母さんにもやさしい気候

土地の快適さも見逃せません。年間を通じて温暖な気候のハワイでは、冬でもＴシャツに半ズボンでＯＫ。日本より湿度が低いので、夏でもうだるような暑さとは無縁。カラッと快適な夏を過ごせます。出産という大事業を終えたお母さん、生まれたばかりの赤ちゃんにとっても、やさしく過ごしやすい気候なのです。

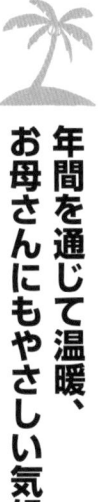

自然と共存する都会、日本と変わらぬ生活が楽しめる

普通、自然の豊かな地域、とりわけ離島は、不便なところが多いですよね。でも、ハワイのホノルルは、太平洋地域で一番の大都会。電話、テレビ、インターネットといったインフラはもちろん、最新の書籍・雑誌、映画、ＣＤなども容易に入手でき、携帯電話も使えます。日本の都会での生活からまったくレベルダウンすることなく、マタニティライフが満喫できます。

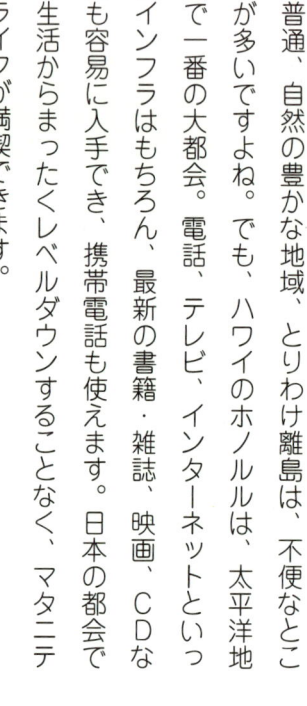

医療レベルの高さは心配無用

ご存知のとおり、ハワイはアメリカ領土。ですから先進国の中でも比較的高いレベルの医療が受けられます。必要な薬なども町の薬局に行けばほとんど手に入り安心です。

ハワイでは[注1]"Physician's Exchange"と呼ばれる「24時間の医師の受付」があります。深夜や早朝など、担当医のクリニックが閉まっている時間でも、ここにかければ大丈夫。かかりつけのドクターにすぐ連絡をとってもらえ、折り返し医師から直接電話をくれる仕組みになっています。

また、これとよく似たサービスですが、ハワイ在住のドクターたちのボランティアで「[注2]ドクターズ・オン・コール」

注1）
Physician's Exchange
TEL:808-524-2575

注2）
ドクターズ・オン・コール
TEL:808-923-9966

という制度があります。こちらは24時間いつでも、緊急時に日本語で医療相談を受け付けてくれるサービスです。“Physician’s Exchange”と違う点は、「かかりつけ」が決まっていなくてもよいという点です。

分娩室は個室、しかもシャワーつき

アメリカの病院の出産病棟は、日本に比べ妊婦さんの「快適さ」に配慮したところが多いのが魅力です。「手術室」のような冷たい日本の分娩室とはぜんぜん違います。

部屋はプライバシーを守るためにもちろん個室。窓も大きく、ハワイの陽射しがたっぷり注ぎ込んできます。スペ

ースも広々としていて、たいていのところは、つき添いのお父さん用のベッドまであります。もちろん各部屋シャワールーム、トイレつき。テレビや電話も各部屋についていて出歩かずにすみ便利です。出産後のお母さんが過ごす“Recovery Room”が分娩室と別になっている場合もあり、その快適さはホテル並みです。

　妊婦さんは入院したらすぐにお腹に各種の電極をつけられます。ちょっとびっくりしますが、これは、体温、血圧だけでなく、子宮の収縮度合い、赤ちゃんの心臓の心拍数などをモニターするためで、データが昼夜問わず刻々とナースステーションで管理されていきます。何か異常があったらすぐにナースが駆けつけてくれるので、とっても安心。また異常がなくともナースは30分おきに部屋を回って、妊婦さんの様子を見守ってくれます。アメリカのナースはち

ょっとしたことでもナースコールですぐにとんできてくれ、笑顔で答えてくれるのでとても心強いです。

日本人が多く、日本語だけでも十分に生活可能

ハワイでは日本語が通じやすいことも嬉しいですね。ハワイ州には明治時代以来の日系移民の歴史があり、多くの日本人、日系人が在住しています。ご存知のとおり、ハワイを訪れる観光客で最も多いのは日本人。ホノルル市内、特にワイキキ周辺では、ショッピング、食事、レジャーは英語が話せなくてもＯＫ。日本語だけで十分に生活できます。衛星を通じた日本語ＴＶ放送、日本語の新聞や日本の

スーパーマーケットもあり、アメリカでありながら日本人にとって暮らしやすい環境です。

フレンドリーなロコの人々

ロコの人たちは、いつもニコニコしていて親切。「アロハスピリット」の笑顔があなたを温かく迎えます。アメリカでは人種に関する偏見がまだ残っている場合がありますが、ハワイではそういうこともほとんどありません。妊婦とわかるとバスの中でさっと席を譲ってくれ、よろけるとサッと自然に手を貸してくれます。見知らぬ人も"Congratulation!"と笑顔でお祝いしてくれます。

赤ちゃんはアメリカ国籍も取得。二重国籍に

世界には国民の「国籍」に対する考え方が大きく分けて2つあります。1つは自国の領土で誕生した子供に、両親の国籍、人種を問わず国籍を与える考え方。これを「生地主義」と呼びます。一方「アメリカで生まれようが中国で生まれようが、日本人の子供は日本の国籍」という考え方を「血統主義」と呼びます。アメリカは「生地主義」、日本は「血統主義」を採用しているので、「アメリカで生まれた日本人カップルの子供」は、二重国籍、つまり、アメリカ国籍と日本国籍の両方が持てるというわけです。日本の法律では、二重国籍の子供は22歳の誕生日までにどちら

かを選択することになります（国籍法）。

　アメリカで生まれた日本人の子供は、日本で生まれた場合と違い、日本国籍をいったん保留します（国籍留保）。日本の戸籍にはいついつ日本国籍を留保したという事実が書かれていて、戸籍を見れば、その人が二重国籍だとわかるようになっています。そして22歳の誕生日までに日本国籍を取得するかどうかを決め、届けに行きます。ここで晴れて日本国籍を取得できるという仕組みです。

　一方、アメリカ国籍は放棄すると届け出ない限りは失われません。ですので、内緒にしていて、一生二重国籍でいる人もいるようですが、これは日本では認められていません。ですからきちんと申告するようにしましょう。

　実際、ハワイでの出産は、子供がアメリカ国籍を取得できると知って、決める方が多いのです。子供の将来のこと

を考えてのことでしょう。

現代ではインターネットや交通手段の普及により、海外との往き来や連絡が日常的になってきています。自分たちの子供も将来、アメリカ人の友人を持ったり、アメリカに留学したり仕事を見つけたりするかもしれません。そんなときに、一番問題になるのがビザ（査証）、つまりその国の滞在許可。どんなに偉い人でも、お金があっても、外国人はビザがなければその国で滞在したり働いたりすることができません。特に2001年の同時多発テロ以降、アメリカの移民審査は厳しくなってきていて、2002年7月からB－2ビザ（観光目的のビザ）の無条件滞在許可が3ヶ月から1ヶ月に短縮されました。多くのビジネスマンや学生がこの影響を受けています。でも、もし「アメリカ国籍」を持っていれば、こうしたわずらわしい問題から子供

を解放できます。

出生時に米国籍を取った子供は、米国の公立校で義務教育を無料で受けることができます。日本では大学卒業までの10年間、学校で英語を勉強しても英会話ひとつすらできない人がいっぱいいますが、アメリカの学校に通えば、英語がすぐに身につきます。また、大学の授業料なども、外国人留学生よりアメリカ国民の方が安い場合が多いです。教育に関しては、アメリカ国籍を持っている人のほうがいい条件で受けられます。

22歳の誕生日で本人がアメリカ国籍を放棄したとしても、それまでに受けられるメリットはとても大きなものがあります。国籍を自分で選ぶという選択肢を残しておくということは、親が子供に、「将来の選択肢の幅を最大に広げてあげられる」ということなのかもしれません。

第1章のポイント

●サンゴ礁の海、青い空……。美しい自然がいっぱい。

●年間を通じて温暖なやさしい気候で、環境のよさは抜群。リラックスして出産をむかえられる。

●豊富な自然の反面、便利な都会生活が可能。

●分娩室は個室、シャワーつき。医療水準も高い。

●日本語が通じやすく、日本人が安心して出産できる。

●アメリカで生まれた子供は、たとえ日本人の両親から生まれたとしても、アメリカの国籍を得ることができる。

●ハワイでの出産は、国籍を自分で選ぶという選択肢を、子供に残すことができる。

Let's have a baby cheerfully in Hawaii

第2章

これだけやれば準備万端。ハワイでのんびり過ごすために

出発日は出産予定日の1~1.5ヶ月前

ハワイでの出産はいろいろとやることがたくさんある一大イベント。でも、早い段階でいろいろと手を打ってきちんと準備をしておけば、出産までのんびり過ごすことができます。ハワイに行ってからあわてることがないよう、出国前に準備万端にしておきましょう。

まずはじめに、日本を出発して渡航する日を決めます。出産予定日の1~1.5ヶ月前が理想的。予定日より10日も2週間も早く生まれるのは、決して珍しいことではありません。1ヶ月前までにはハワイに到着しておきたいです。たとえば、予定日が8月1日とすると、出発日の候補は6月

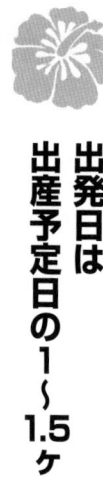

15日～7月1日の間になります。この間で航空券の空席状況、コンドミニアムの空室状況などを調整して最適な日を決定します。

滞在先のお勧めはコンドミニアム

次に3ヶ月間ハワイで暮らす場所を決めましょう。もしあなたが、ハワイにアパートやご自宅をお持ちでしたらいいのですが、そうでなければ3ヶ月にわたって住む「我が家」を借りましょう。

滞在先には大きく分けて、ホテル／コンドミニアム／一軒家・アパートの3種類があります。出産のための滞在だ

ったら、その中でも、「ホテルサービスつきのコンドミニアム」が一番お勧めです。

ホテルだと部屋にキッチンがないため、食事が毎日外食になるだけでなく、哺乳瓶の消毒にも不便です。一方、一軒家や普通のアパートは治安が心配なだけでなく、施設・設備の点でも不都合な点があります。その点「ホテルサービスつきのコンドミニアム」は、この両方をカバーしています。セキュリティの面でも安心な場所が多く、部屋にキッチンもあり、自炊できる部屋がほとんどです。

ハワイには星の数ほどの長期滞在用ホテルやコンドミニアムがあります。選ぶ際のチェックポイントを書き出してみました。

①ワイキキ中心部まで徒歩で行けること

コンドミニアムのロケーションですが、病院に近いところを選ぶ必要はありません。ほとんどの病院がワイキキからタクシーで5～10分の範囲にありますし、出産のとき以外は、病院には定期検診で週に1回しか行きません。それよりは、ワイキキの中心部に部屋を取った方が生活しやすいです。ワイキキは買いもの、食事、郵便局から銀行まで、歩きで用がすみます。ほとんどのお店が日本語でも大丈夫です。

②セキュリティがいいこと

できれば警備員の常駐、監視カメラの設置などがあるところがいいです。オートロックになっていればもちろんベスト。ハワイは比較的治安のいいところですが、それでも日本とは違います。セキュリティの面でしっかりしている

ことは、コンドミニアムを選ぶ条件としてとても重要です。３ヶ月間、女性と子供が生活する部屋ですから、慎重に選びましょう。

③清潔なこと

公共使用部分は定期的に清掃があり、清潔さを保っていること。ゴミの管理が一ヶ所できちんとされていることも大事です。

④ハウスキーピング（シーツ・タオル交換、室内清掃等）のサービスが利用できること

ホテルサービスでもっとも重要なのがこの「ハウスキーピング」。臨月、そして出産直後はタオルやシーツの交換、部屋の清掃等の仕事が、結構大変です。こうしたメイドサ

ービスを電話一本でやってくれるコンドミニアムがいいでしょう。

⑤お風呂にバスタブがついていること

自分はシャワーだけでいい、という方でも、赤ちゃんのためにバスタブがあるお風呂を選びましょう。産後、赤ちゃんを沐浴《もくよく》させるために必要になります。

⑥ランドリーマシンと乾燥機があること

赤ちゃんが生まれたら着るものだけでなく、タオルやハンカチなど洗濯ものが増えます。できれば室内、少なくとも同じフロアにランドリーマシンがある部屋を選びましょう。コンドミニアムの中には、建物内の一ヶ所にしかランドリーがないものもあります。洗濯のたびに、臨月のお腹

で洗濯ものを抱えてエレベーターに乗るのは大変です。

⑦簡単な日用品の買いものは建物内でできること

雨の日や夜など、ちょっと出づらいときにも、コンドミニアム内にコンビニがあると便利です。

⑧フロントサービスが日本語で使え、郵便やＦＡＸ、荷物の受け取りができること

いくら英語に自信のある方でも、やはりトラブルのときは日本語だと安心ですね。また、日本からお祝いや必要な荷物を送ってもらったとき、フロントで受け取ってくれるサービスがあると便利です。

⑨いつもタクシーが滞在していること

基本的にアメリカは車社会で、ハワイには電車がありません。緊急時のこともありますから、いつもフロント前にタクシーがいると安心です。

その他、コンドミニアム選びの際にはベビーベッドや金庫、駐車場の有無も確認してください。またダストシュート、共同のごみ捨て場がどこにあるかも要チェック。ゴミ捨てのたびに、いちいち下の階まで持っていくのも大変です。また、電気・水道・市内電話の料金は、たいてい家賃に含まれていますが、中には電話代が別のコンドミニアムもあります。部屋を借りるときはそうした細かい点のチェックも見逃せません。

以上のチェックポイントを全部満たすコンドミニアムは、ワイキキで1500～2000ドル程度が相場。でも、

日本のお正月、夏休み、ゴールデンウィークのシーズンに重なる場合は、値段も上がり、部屋もすぐに埋まってしまいます。早めに予約しましょう。

適当な物件が見つからなければ、ワイキキの格安ホテルを3ヶ月借り上げてしまうという手もあります。中には1週間250~300ドル程度の格安ホテルもあります。ただ、ホテルですとキッチンやランドリーがないため、生活には不便です。というわけで、「メイドサービスがあり、ランドリーマシンがついている」コンドミニアムを探せれば理想的です。また、途中、部屋を引越ししなくてもいいように、3ヶ月連続同じ部屋で取ることもお忘れなく。

以下では、あるご夫婦のコンドミニアムでの生活を振り返ってもらいました。実際に体験された方のお話なので、役に立つ情報がいっぱいです。

「私たちが出産のために滞在したコンドミニアムはワイキキの外れ（1500ドル／月）の部屋でした。22階で東向き、ダイヤモンドヘッドが正面に見える眺めのいい場所にありました。間取りは「1ベッドルーム（日本でいうと1LDK）」でしたが、リビング、ベッドルームともに広々としていました。ラナイ（ベランダ）も大人2人がゆっくりと朝食を取れる広さでした。キッチンには食器洗浄器はなかったのですが、ディスポーザー（生ごみ処理機）は完備していました。

共用施設が充実していた点も魅力でした。プール、サウナ、ジャグジー、テニスコート、バーベキュー・スペース、デッキチェアなどが自由に使えました。つき添いの夫や遊びにきてくれた友人たちはもちろん、妊婦の私でも、施設の中を散歩するなどして楽しく過ごすことができました。

こういうことも、快適な3ヶ月を過ごすためには大切だと思います。

私たちが宿泊したコンドミニアムは、建物への出入りがオートロックにはなっていない「開放型」だったのですが、監視カメラが随所に多数ついていて、セキュリティは万全でした。たとえばすべてのエレベーターがカメラで監視されていて、警備員がしょっちゅう巡回していました。夜中に部屋の入口ドアが完全に閉まっていないと、巡回中の警備員にノックされ、注意されるほどでした。

日中はフロントに日本人がいて、タクシーが常駐していたことも、とても助かりました。メイドサービス（ハウスキーピング）も、前の晩までに電話を一本入れて時間を指定すれば、翌日来てくれて、部屋の掃除、シーツやタオルの交換をしてくれ、とても便利でしたよ。やっぱり臨月に

1

column

ハワイの物件について

日本では不動産は南向きの物件が喜ばれますが、ハワイでは東向きが一番いい物件です。なぜならハワイでは、南向きでは一日中日が当たり「暑い部屋」となるからです。また、ワイキキでしたら東側にはハワイのシンボル、ダイヤモンドヘッドが見えます。ハワイは夕方にさっとシャワーのような夕立が降ることがあり、しばしば虹が出ます。そんなときも東向きの部屋だったら、ダイヤモンドヘッドを背景とした絵葉書のような美しい虹が見られます。そんなときはラナイ（ベランダ）のある部屋がいいですね。ラナイでの朝食や読書は、快適です。

なると体が重いですし、出産後は赤ちゃんと一緒ですから、メイドサービスは少々高くても欠かせないと思います」

コンドミニアムでの生活をより快適にするためのひと工夫

・電気釜・台所用品

毎日おいしいご飯が食べたくて、日本の電気釜を持っていく方もいます。もちろん電気釜は現地でも買えるのですが、やはり日本製だと味が違うようです。コンドミニアムには食器洗い洗剤、スポンジ、キッチンロールペーパー、サランラップなどの消耗品がついていない場合もあるため、日本から荷物を送る際にそうしたものもついでに入れ

てしまうと便利。もちろん現地でも買えますが、日本と同じ使い慣れたものが現地で手に入るとは限りません。包丁は備えつけのものがあるところもありますが、切れが悪いので持っていくといいでしょう。砥石も必要ならば持っていくと重宝します。

部屋によっても違いますが、コンドミニアムにはたいてい電子レンジ、大型冷蔵庫、鍋大小、食器類、コーヒーメーカーくらいはついています。コップや皿などが足りない場合は、マルカイ・99¢ショップやダイエーのワンダラーショップなどでも安く購入できます。（P90〜91参照）

・ベッド

ベッドのタイプが、ツインかダブルかが選べる場合、ぜひダブルベッドにしましょう。出産後、赤ちゃんと添い寝

ができます。また、ツインの場合は、2つを寄せてしまって1つのベッドにすればいいですが、隙間に赤ちゃんが落ちないよう、気をつけてください。

・パソコン

滞在中、かなり便利なのがパソコンです。お部屋にノートパソコンを2台持ち込んでいたご夫婦もいました。ハワイは市内電話料金が定額制ですから、市内にアクセスポイントがあるプロバイダに加入して（P98参照）接続料金を払っておけば、パソコンをつなぎっぱなしにできます。そうすると、いつでも、メールやチャット、インターネット電話での日本への連絡が可能です。日本にいる友人、両親たちとすぐに連絡をとれるというのは心強いです。パソコンとインターネットをうまく使えば通信費を大きく節約で

きるので助かります。

パソコンは現地でも買えますが、現地機種はマニュアルやＯＳがすべて英語なので気をつけてください。また、日本とアメリカは電圧が違うので、それを今度日本に持ち帰って使うときには変圧器が必要です。できれば日本で使い慣れたものを持っていくのがいいでしょう。

・電話・ＦＡＸ

普通、コンドミニアムに設置してある電話は、市内料金は無料です。また、ハワイでは非居住者でもプリペイドの携帯電話を買うことができます。緊急時に備えて用意しておくと便利です。また、長距離電話、国際電話はコーリングカードを使うと格安です。

もし、頻繁にＦＡＸを使う方でしたら、ＦＡＸ機も持ち

込んでしまうと便利です。ＦＡＸの送受信はフロントでもしてくれるのですが、何せホテルサービスなので、日本まで送信するとリーガルサイズ（Ａ４よりちょっと小さいサイズ）で１枚10ドルもするところもあります。

・変圧器

　自分の泊まる部屋の電圧が何ボルトかも確認しておきましょう。日本は１００Ｖなのですが、ハワイでは１１０Ｖか１２０Ｖが主流です。コンセントの口の形は日本と同じですが、日本と電圧が異なっている場合、そのままでは機械を壊す場合があります。ノートパソコンやＦＡＸ機などデリケートなものを使うときは、変圧器を使いましょう。

航空券は、変更自由なOPENタイプの購入がお勧め

コンドミニアムが決まったら、次は往復の航空券を予約しましょう。チケットはビジネスクラス（またはファーストクラス）で、「オープン航空券」を予約しましょう。出産というのはいつ何時、予定が変わるかわかりません。予定日どおり産まれるとは限りませんし、その後の体調がどう変化するかわかりません。帰国時も赤ちゃんの鼓膜がつくまでは出発できません。日程の変更が可能な「オープン航空券」を購入し、こうした事態に備えるのが賢明です。

また、航空券のクラスは往復ともにビジネスクラスが必要です。ハワイと日本は飛行機で6〜8時間かかります。

行きは臨月のお腹なので、エコノミークラスのシートピッチ、座席の角度ではつらいです。また、帰りは生まれたての赤ちゃんが一緒です。狭くて混んでいるエコノミークラスは避けたいところです。最近ではビジネスクラスでも、マイルでの無料航空券や「早割」等の事前購入など工夫して安くあげることもできます。

格安航空券の場合、搭乗日付の変更が自由かどうか確認してください。日付の変更ができるチケットがいいでしょう。できれば定価の「ノーマル」チケットがベスト。マイルによる無料航空券も基本的にはノーマル扱いなのでOKです。

問題は、航空券が取れてハワイに行く日と、コンドミニアムの入居予定日が合わせられるかどうかです。たとえば、9月1日が予定日で8月1日に入国希望、エアチケットも

column 2

航空券手配の注意点

たいていの「格安航空券」と呼ばれるものは帰国日変更ができないFIXタイプなので注意が必要です。「OPENタイプ」で不測の事態に備えましょう。

航空会社が出している正規割引運賃のものがいいでしょう。これは、「PEX割引チケット」と呼ばれます。たとえば、日本航空（JAL）の「JAL悟空」、全日本空輸（ANA）の「早割GET」、ノースウエスト航空（NW）の「ワールドバリュー」などがそれにあたります。ただ、一部の航空会社は、帰国日変更に手数料がかかり、なおかつ変更は1回限りです。購入時に条件をよく確認してください。

取れたのに、コンドミニアムはどうしても8月3日じゃないと空かない、ということがあります。この場合「出産予定日から1~1.5ヶ月前」>「エアチケットの空席」>「コンドミニアムのスケジュール」という優先順位で決めていくのがいいでしょう。予定がうまく合わない場合はこの例でいうと、「8月3日まで違うホテルで過ごし、その後引越しをする」という風になります。「入国日」と「エアチケット」を優先に考えて、早めに準備を進めましょう。

日程が夏休みやお正月、ゴールデンウィークに重なる場合、航空券は一気に取りにくくなってきます。また土日の飛行機も混んでいて、取りづらいです。できれば半年くらい前から決めてしまうと安心です。

産婦人科のドクター、選択の基準は自分の希望で

家が決まり、出発日が決まったら、次はドクターです。ハワイでのドクター選びですが、妊婦さんの状況によりいろいろな希望があると思います。まず先にどんなドクターがいいのかを書き出してみましょう。たとえば、日本語が通じなくてもいいのか、それとも片言で半分英語でもいいのか、日本語ぺらぺらがいいのか。また、女性のお医者様がいいのか、男性のお医者様がいいのか、自身も出産を経験している人がいいのか、若い方がいいのか、ご年配の方がいいのかなどです。

基本的に技術的なことはまったく心配いりません。日本

と同じレベル、もしくはそれ以上のレベルの医療を受けられます。病院は個室で、分娩室などの設備も整っています。また、一般的にアメリカのドクターたちは日本の医師よりも患者に対してよく説明をし、納得のいくまで質問に答えてくれます。言葉の問題さえなければ、誰に当たってもそう大きな違いはないでしょう。あとは「合う／合わない」という相性の問題です。

ただ、ハワイ出産においては、少し英語力が必要です。仮にドクターが日本語を話せたとしても、オフィスのスタッフはアメリカ人です。診療予約やこちらの病状を伝えるときには英語が必要になります。また麻酔や診察等の医療行為のたびに「契約書」のようなものにサインをしたりします。いつも使うセンテンスや単語は、事前に何と言うのか調べておくといいでしょう。

ハワイで最初の産婦人科検診は日本で事前に予約

ドクターを決めたら、最初の検診の予約を入れましょう。ドクターのオフィスに直接電話をして、予約を取ります。最初の産婦人科検診は、ハワイ到着日のうちがいいです。渡航の際、飛行機に長時間乗ることで、おなかの赤ちゃんにもお母さんの体にも気圧の変化がかかっています。到着日がだめなら、できるだけ早く予約を入れましょう。日本からのハワイ便はほとんどが午前中に到着するので、その日の午後のうちに産婦人科に行ってチェックするのがベストです。

column 3

ハワイの病院について

アメリカでは通常、入院予約はドクターを通じて行われます。ドクターが決まらないと何もできない、というのが普通で、出産も例外ではありません。

アメリカの医療制度の日本との大きな違いは「医師中心主義」と「病院中心主義」です。日本では通常、病気になったらとにかく「病院」に行けば、そこに医師がいて、設備があって、診療をしてくれます。そして次の来院時に曜日が違ったりすると、前と違う医師が担当になったりすることは珍しくありません。

アメリカは違います。まず最初に「ドクター」を選びます。ふだんはそのドクターが構えている街中の小さなオフィスで診察を受け、いざ出産とか手術ということになったら、患者の希望や必要な設備等の判断でドクターが病院を選択します。そして、当日、患者とドクターは病院で待ち合わせるわけです。

　そのため、あくまでもドクターの予約、ドクターの指示が治療の中心となりますから、急患や事故は別として、いきなり医師とのアポなしで病院に飛び込んでも、誰も診てくれません。急患時でさえ、病院に運ばれる間にその人の「かかりつけのドクター」が電話等で呼ばれることがほとんどです。

　また、ハワイには日本でいう「産院」はありません。あえて言うなら、産婦人科と小児科の専門病院、カピオラニ・ホスピタルが「産院」と言えるでしょうか。

船便を使って荷物を事前発送。当日は身軽に出発

ハワイに3ヶ月もの滞在となると、短い旅行とは違って、事実上「引越し」のようなものです。特にご家族がつき添いで行く場合は必要な荷物がいっぱいあります。ほとんどのものを事前に送ってしまった方が出発当日、とても楽です。全部でダンボール2〜3箱くらいになる方が多いようです。

東京在住のあるご夫妻は、そのうち2箱を船便で、1箱を航空便で送りました。ハワイは船便だと1.5〜2ヶ月かかりますから、早めに送れるものは送ってしまい、日本でもぎりぎりまで使うもの、ハワイ到着後すぐに使いたいもの

は直前に航空便で出すと便利です。航空便は船便の2倍くらいのお金がかかりますが、2週間ぐらいで届きます。EMSで出せば、配[注3]達状況はインターネットで確認でき、荷物が今どこにあるかがわかります。5kgぐらいだと、通常の航空郵便小包よりもEMSの方が安いのでお得です。

ちなみに、日本の郵便局は親切で、国際小包はEMS、SAL等も電話一本で1個から自宅まで集荷にきてくれます。荷物の準備ができたら、郵[注4]便局に連絡してみてください。

注3）
EMS配達状況確認用アドレス
http://www.post.yusei.go.jp/tuiseki/ems.htm
注4）
郵便局集荷サービスフリーダイヤル
TEL:0120-950-333

日本の医師にも
ハワイ出産は積極的に伝える

出発まで、日本の産婦人科では定期健診は普通どおり受けてください。私たちは、日本の医師には「ハワイで出産」の希望を伝えるよう勧めています。あるお母さんは、ハワイでの出産を決めたのが妊娠5ヶ月のころでしたが、日本の産婦人科の先生に事情を話して、海外の事情に詳しい産婦人科医を紹介していただき、国内で担当医を一度変えました。そしてその医師にハワイのドクターを紹介してもらったそうです。また、日本の産婦人科で受けた検診や投薬の記録、ハワイに行くまでの経過は、すべて母子手帳に記載しておきましょう。

逆子や双生児、未熟児の場合はあきらめる

渡航出産はお母さんが元気で健康であることがとても大切です。医師に相談して、可能かどうか判断してもらいましょう。お腹の赤ちゃんが、逆子や双生児、未熟児の場合はハワイでの出産を避けた方が無難です。アメリカは医療費が高く、特に未熟児の場合は、産後、保育器に１ヶ月ほど入るとそれだけで10万ドル（約１３００万円）程度の費用がかかってしまいます。双子ならこの2倍かかります。未熟児であることがわかった場合は、日本での出産をお勧めします。

出産費用、目安は１２０～１５０万円

ハワイ出産で一番気になるのが、費用です。有料のサポート業者さんに「保険がなくて自己負担でも40万円くらいで産めます」と言われ、そのつもりでいたら現地で１万ドル（約１３０万円）以上の請求が来て夫婦で目を丸くしました、というご夫妻もいらっしゃいます。

２００１年に出産したあるご夫妻の、実際の会計報告を見てみましょう。このご夫妻は全額自己負担（無保険）での出産（自然分娩＋無痛分娩）とそれにまつわる医療費だけで、約１２０００ドル（約１５０万円）かかりました。

内訳は左記のとおりでした。

4

- 産前／産後の産婦人科の定期検診・処方・検査等　約２０００ドル
- 出産時の「病院出産費用」（自然出産＋無痛分娩、病院に２泊）　約６５００ドル
- 出産時、病院での新生児の検査・投薬・入院等　約１２００ドル
- 無痛分娩の麻酔料　約１２００ドル
- 出産後の小児科医費用　約　７００ドル

合計　約１１６００ドル

医療費の例

column

この金額に、薬局での薬の購入、産後の体調不良のためにかかった内科医の費用等を合計すると12000ドルほどが必要だったそうです。

この金額は保険適用のない全額自己負担の場合、標準的な金額です。決して高い方ではありません。費用は、実際には選ぶ病院やドクター、選択する医療措置などによって増減されますから、いわゆる「定価」がありませんが、このくらいを目安にされるといいでしょう。

追加でかかる費用としては、他に次のようなものがあります。

たとえば、アメリカでは出産後、たいてい翌日には退院できますが、これを1日延泊しただけで400～500ドル程度加算されます（このご夫妻のケースでは491ドルかかりました）。

また、帝王切開した場合は「手術費用」で３０００〜４０００ドルのプラスになります。そして、その場合は「翌日退院」ができません。切開のあと回復の調子が悪く１週間や10日程度入院する場合もざらです。たとえば10日入院したとすると、入院費がさらに５０００ドル程度プラスになります。

また逆に、無痛分娩を選択しなければ、１０００ドルくらい安く上がりますし、鎮痛剤の投与を断ったり、術後に出される薬を断ったりすれば、もっと安く上がります。ですから、全員がこのご夫妻のように１５０万円かかる、というものではありません。為替レートも変わりますので、あくまでも目安としてお考えください。

ハワイ出産には保険がきかない

ハワイでの出産では自然分娩に一切の保険はきかず、出産費用は全額自己負担、と覚悟しておいてください。ただし、あなたが米国ビザ等をお持ちで事前に保険に入っている場合は、別です。その場合は有効な保険をコンサルタントの方に相談されるといいと思います。

日本の健康保険組合からの一時金の給付

ハワイでの出産に保険はききませんが、帰国後、所属の健康保険組合から「出産育児一時金」がもらえます。２００２年現在で、30～35万円程度が一般的です。お勤めの会社の健康保険組合、あるいは区市町村の国民健康保険課に届け出てください。

自然分娩以外の医療費は「海外医療費償還制度」を利用

２００１年１月から、国民健康保険では、海外で支払った医療費の払戻し（償還払い）を受けられるようになりました。これは基本的に、転んでけがをしたり、風邪をひいて熱を出したり、などの不慮の事故・ケガ・病気の場合が

対象です。しかし、出産時の帝王切開等の手術、未熟児診療、乳腺炎の治療費等も対象となっています（自然分娩は対象になりません）。償還金額はあくまで日本国内で同じ医療措置を受けた場合の「基準額」となりますが、大いに利用しましょう。

この場合、診療を受けた医療機関で「診療内容明細書」[注5]（治療内容が記載された証明書）と「領収明細書」（医療費が記載された証明書）を書いてもらい、帰国する必要があります。所定の用紙は市町村・国保組合の担当窓口に用意してあります。インターネットのサイトからでもＰＤＦファイルで取り出せます。ぜひ数枚用意してハワイに持参しましょう。手続きについて、詳しくは各区市町村の国民健康保険課、あるいは会社の健康保険組合まで問い合わせてみてください。

注5）
「診療内容明細書」の所定用紙が取り出せるサイト
http://www.kokuho.or.jp/

それでも残る自己負担分は、医療控除の対象に

ハワイでかかった医療費はすべて、帰国後、「医療控除」の対象となります。実際には、「出産育児一時金」や「海外医療費償還」等のこうした各種の助成を差し引いて、残った自己負担分を、その年の確定申告のときに所得から差し引くことができるのです。医師の診察費用だけでなく、薬局の薬代、そして通院のためのタクシー代も含まれますので、すべてレシートを取っておき、帰国後に税理士さんに相談してみましょう。

生活費は１３０～１５０万円。家賃によって大きく変わる

ハワイでの出産は、３ヶ月間滞在することになりますから、出産費用以外にもちろん生活費がかかります。ざっとあげて次の費用が必要です。

①コンドミニアムの滞在費

１カ月１５００ドルのコンドミニアムに３ヶ月滞在したとして、１５００×３ヶ月＝４５００ドル程度。

②生活費

これは外食中心になるか自炊になるかでだいぶ違います

が、自炊でいけば3ヶ月で3000~4000ドル程度。

③ハウスキーピング

コンドミニアムによりますが、あるご夫妻の場合、1回25ドル程度で週に2回ほど頼んで、ベッドメイキング、部屋の清掃、タオルの交換等をしてもらったそうです。この場合、3ヶ月で500ドル程度。

④コインランドリー代

同コンドミニアムでは1回3ドルで洗濯から乾燥までできたそうです。3ヶ月では300ドル程度。

⑤レンタカーやタクシー、バス代などの「交通費」

⑥ベビー用品

現地でどれくらい買うかによりますが、服類やベビーカー、哺乳瓶やレンタルの搾乳機など。

細かいことを言いだすと、おむつ代とか、レンタカーのガソリンとかありますが……。こういうものをトータルしても10000〜12000ドル（130〜150万円）程度だと思います。なので特別なことがなければ、出産費用＋生活費のトータルで20000〜25000ドル（250万円〜320万円）もあればまず大丈夫でしょう。もちろん、滞在するコンドミニアムの家賃や食費をどれだけ倹約するかなどで値段がずいぶん変わります。

日本から戸籍と印鑑を忘れずに

赤ちゃんの出生届を出す際に必要になりますので、ご夫妻の戸籍謄本を早めに取っておきましょう。2部（1部は予備）ハワイに持っていきます。また、三文判でかまいませんので、印鑑もお忘れなく。

その他に出産前に日本で必要な書類というのは特にありません。あえて言えば、英語の母子手帳を購入し、日本のかかりつけの産婦人科医に記入してもらっておくといいでしょう。母体に特に何か問題がある場合は、英文でその旨の診断書を日本の産婦人科に書いてもらいますが、通常は問題ありません。

その他、ハワイ出産に関して特に日本で買っていくべきもの、ハワイで入手できないもののリストです。

①赤ちゃん（新生児）用の肌着

日本製のものは、縫製が丁寧で、縫い目が赤ちゃんの肌に触れないような細かい配慮がされています。ぜひ日本から持参しましょう。

②哺乳瓶

ハワイにはガラス製の哺乳瓶は売っていません。

③哺乳瓶消毒用薬品

普通、哺乳瓶の消毒は煮沸消毒もしくは蒸気消毒（電子レンジ利用）です。しかし、日本にはハワイにない哺乳瓶

消毒用薬剤（「ミルトン」）などがあります。

④ガーゼ

ハワイにはガーゼがありません。赤ちゃんの肌にやさしいガーゼのハンカチやタオルは、お風呂に入れるときに必要です。日本から多めに持っていきましょう。

⑤日本製の粉ミルク

アメリカの粉ミルクは、とにかくおいしくありません。粉ミルクは、ぜひ日本から持っていきましょう。

⑥消毒用清浄綿

消毒液が染み込ませてあり、一つひとつ個別に包装されているコットンです。ハワイでは手に入りません。

⑦母乳パッド

アメリカ製のものは固くてごわごわしており、日本人の柔らかい肌には痛いという人が多いです。

⑧新生児用靴下

アメリカのものはゴムのソックスしかなく、赤ちゃんの肌に食い込むものが多く、きついです。日本のものはヒモで縛るタイプのものがあり、しめ具合を調整できます。

⑨ミトン

生まれたばかりの赤ちゃん用の手袋です。自分の顔の「引っかき防止」用にするのですが、靴下同様、日本のものの方が優れています。

⑩授乳用ブラジャー

日本のものの方が材質・サイズ・作りのどれもが、細部まで細かい配慮をして作られています。

⑪赤ちゃん用綿棒

アメリカ製のものは太く、日本人の耳のサイズには合わないので、日本から持っていきましょう。

⑫湯温計

赤ちゃんのお風呂の温度を測る温度計。これは日本とアメリカでは温度の単位が違う（摂氏と華氏）ので、日本から買って持っていきましょう。

専門のコンサルタント、サポーターに相談するのが一番

ハワイでの出産は一生の思い出に残る、素敵なイベントです。しかし「気軽な海外旅行のついでに、ちょっと子供生んでくる」程度の気持ちだと大変な思いをしてしまいます。予算のことや将来の人生設計、健康状態などをよく考え合わせて、早めにプランを立てて準備されることをお勧めします。

通常の旅行とは違い、特殊な手続きやノウハウが必要になりますので、専門的なコンサルタントの助けが必要です。航空会社によっては、臨月とわかっただけで医師の同乗がないと搭乗を拒否される場合もありますし、準備不足だと、

アメリカに入れず、ホノルル空港で強制送還となる場合があります。もちろん、いったん強制送還されたら、向こう数年はアメリカへの再入国は不可能。そうなったら悲劇です。そうならないためにも、ぜひ信頼できる専門のコンサルタントに相談をしてください。

　コンサルタントはインターネットなどでも探すことができます。サーチエンジンで「ハワイ　出産」などのキーワードで入れてみてください。しかし、インターネットなどでは事実でない情報があふれていますので、注意が必要です。中には、お金を払ってもいいかげんな情報しか提供しない悪質なサポート業者もいます。

　たとえば「現地の健康保険がききます」「日本とかわらず安くあがります」「病院はすべて日本語で通じます」「SSCは日本に郵送されます」「赤ちゃんが生まれたら両親

の永住権がすぐ取れ、そのままハワイで暮らせます」……などという情報には十分気をつけてください。

最新の情報に通じた、信頼できる専門家を見つけましょう。日本・ハワイ両国にサポーターがいて、実際に渡航出産の経験があるコンサルタントだと心強いです。中にはコンドミニアムや航空券の手配をやってくれる親切な方もいます。ぜひ、メールや電話でいろいろ質問をしてみて、あなたと赤ちゃんのために親身になって相談に乗ってくれる方を探しましょう。

第２章のポイント

●出発日は出産予定日の１～1.5ヶ月前。それに合わせてOPENタイプの航空券を予約し、さらに滞在先のコンドミニアムを確保。

●まず、ドクターを選び、最初の産婦人科検診を日本で事前に予約する。

●船便＆航空便を上手に使い分けて荷物を事前発送し、当日は身軽に出発する。

●日本での産婦人科検診は通常通り受け、医師にもハワイ出産を伝える。逆子や双生児、未熟児の場合はハワイでの出産をあきらめる。

●出産費用の目安は１２０～１５０万円。生活費の目安は１３０～１５０万円。

●ハワイ出産の準備はたくさんあって複雑なので、専門のサポーターやコンサルタントに相談するのが一番。

Let's have a baby cheerfully in Hawaii

第3章

出産準備がすんだら、ハワイの町を満喫

産婦人科検診は到着日の午後一番に受けに行く

まずは、ハワイに到着した日に最初の産婦人科診察を受けに行きましょう。日本からの飛行機の移動で、長時間、お腹に気圧の変化がかかっています。ほとんどの日本便は午前中に到着です。二章でもふれましたが、到着日の「午後一番」で産婦人科医の診察と検査を受けましょう。もし到着日に無理であれば、翌日できるだけ早めに検診した方が安心です。

産婦人科医のクリニックの場所は事前によく確認しておきましょう。これから週1回は定期検診で通うことになる場所です。

診察は、ドクターを「独り占め」できる貴重な時間。恥ずかしがらずに何でも聞いてください。特にふだんと違う体の状態を感じたら、どんな小さなことでも遠慮しないで話してください。もしドクターが英語しか話せなければ、辞書を持参してノートに書いて「筆談」でもかまいません。アメリカのドクターは、患者からの質問を決してうるさがらず、話を聞いてくれます。毎回、診察までにノートをつけて、質問事項、聞いておきたいことを何でも書き出しておくと、スムーズでいいでしょう。

また、週1回の定期検診のときでなくとも、少しでも体調に異変があったらすぐにドクターに電話し、指示を仰ぎましょう。遠慮は無用です。

アメリカでは無痛分娩が主流

何回目かの診察のときに、無痛分娩を選択するかどうか訊かれるでしょう。無痛分娩とは、硬膜外麻酔という局所麻酔を使って、陣痛、分娩の痛みを取り除く方法です。痛みはなくなりますが、感覚がまったくなくなるわけではないですから、頭ははっきりしていますし、赤ちゃんが通って出てくるのもわかります。

日本では「おなかを痛めた子の方が愛情が湧く」と言う人もいますが、合理的なアメリカでは、無痛分娩が主流になっています。

病院見学で緊急時入り口等をチェック

いよいよ出産が近づいてきて病院が決まったら、早いうちに一度「病院の見学ツアー」に出かけてみましょう。ドクターに頼めば、窓口を教えてくれるはずです。ツアーでは次の場所がチェックポイントです。

①時間外の緊急時入口

②病棟の所在地（階数）、エレベーターの場所

③売店、食堂

④病院内のＡＴＭの場所

⑤会計・精算窓口

これらの場所などを確認しておくといいでしょう。場合によっては分娩室を事前に見せてくれることもあります。部屋の雰囲気や備品が事前にわかれば、出発の荷物造りに余裕が出ますから、ためらわずにぜひ見せてもらいましょう。

出産前に小児科のドクターと会っておく

出産後、赤ちゃんを診ていただく小児科のドクターにも、出産前にぜひ一度会っておきましょう。生まれたあとの新生児の過ごし方、気をつける点などをあらかじめ聞いておくと、急に生まれたときにもあわてることがありません。「事前インタビュー」の時間を設けているドクターもいますし、なくても、ドクターに気軽に申し出れば、きっと時間を取ってもらえるはずです。

また、男の子とわかっている場合、包茎手術をするかどうかたずねられます。ドクターとよく相談して決めてください。

産前のクラスに参加してみよう

ラマーズ法は、呼吸法やリラックス法を用いて痛みを和らげる分娩方法。ハワイでも多くのドクターや病院が取り入れている方法です。病院によってはこのラマーズ法のクラスなど、さまざまな産前のプログラムを設けているところがあります。ドクターに内容を確認して参加してみるのもいいでしょう。

妊婦体操、乳頭マッサージはしっかりと

妊婦体操や乳頭マッサージは、しっかりやっておきましょう。妊婦体操は出産時間を短くし、出産のときに体にかける負担を少なくします。また、乳頭マッサージは、授乳時によく起こる「乳首切れ」を防止します。

赤ちゃん用品は出産前にすべてそろえておく

ハワイでは、退院時にチャイルドシートが必要です。陣痛が始まる前に買って置いてください。トイザらス（P93参照）に行くと、チャイルドシートが組み込めるタイプのベビーカーがあります。日本の1／2〜2／3の値段ですから、ぜひ買っておきましょう。出産後、乳飲み子を抱えての買いものは大変です。各種の子供用品やオムツなど、必要な買いものは出産前にすべてすませるようにしておくことです。

たとえば、哺乳瓶。日本ではガラスが一般的ですが、アメリカ製品はすべてプラスチックで、ガラス製の哺乳瓶はありません。しかしアメリカ製のものは、工夫を凝らされている機能的なものが多いです。中には、「ミルクは洩れないのに、空気が中に入って常に赤ちゃんが吸いやすい哺乳瓶」というのもあります。赤ちゃんが吸うのに合わせてどんどん空気が外から入ってくるのに、ミルクが一滴も洩れず授乳できるというものです。また、やっかいな哺乳瓶の消毒器も、電子レンジを使って手軽に「蒸気煮沸」する器材があり、とても便利でした。あと「アファガン」と呼ばれる赤ちゃんを包む正方形の布、へその緒を消毒するため

のアルコールとコットンボール、おむつ（新生児用＝Newborn）にお尻拭き（BabyWipe）などは、退院したらすぐに必要になります。へその緒が取れて入浴できるようになったら、ベビー用シャンプー、ベビーパウダー、赤ちゃん用爪切りも欲しいですね。

長期滞在だからこそお勧めのお店

ハワイにも日本同様、コンビニエンスストアがあります。ワイキキにたくさんあるのが「ＡＢＣストア（ABC Stores）」。カラカウア通りやクヒオ通りを歩いていると、通りの角ごとにあると言ってもいいほどですが、その品揃えは日本の

コンビニエンスストアの比ではありません。はじめての方はびっくりするはず。肉、野菜や簡単な薬から、Ｔシャツや水着、スノーケルやビーチマットまで置いてあり、普段の生活の買いものはほとんどそこでそろいます。

「フード・パントリー（Food Pantry）」はワイキキの中心部にあってクヒオ通りに面しており、どこからでも歩いて行けるグッドなロケーションの総合スーパー。生鮮食料品から日用品、衛生用品はもちろん、サングラスやお土産なども置いています。値段はちょっと高めですが、24時間営業なのでＡＢＣストアの閉店後でも買いものができて便利です。

ご存知、日本のスーパー、「ダイエー（Daiei）」がハワイにもあります。調味料からカップラーメンまで、日本の食品がずらりとそろっていて、しかも24時間営業。店内には

セントラル・パシフィック・バンクの窓口や1ドルショップのコーナー、郵便局の出張所も入っていてとっても便利です。入口の前のタクシー乗場にはいつも数台のタクシーが停まっていますから、つい買い過ぎて荷物が多くなったときでも大丈夫。かんたんにタクシーでワイキキに戻れます。

「マルカイ・99¢ショップ（Marukai 99¢shop）」は、日本でいうところの100円ショップ。ワードウェアハウスの裏手山側にあります。日系の会員制スーパー、マルカイのディスカウントストアですが、こちらは会員でなくても入れます。3ヶ月後の帰国時に捨ててもいい食器や日用品はすべてここでそろいます。

アラモアナ・ショッピングセンター内にもたくさんのお店が入っています。日本食がそろっている「白木屋（shi-

rokiya)」、赤ちゃんのオムツやお尻拭きなどもそろっている薬局「ロングス・ドラッグス（Longs Drugs）」は、ハワイで出産するお母さんたちがよく行くところです。

悩む子供服の買いものですが、アラモアナ・ショッピング・センター内の「ジンボリー（Gymboree）」や「ギャップ・キッズ（Gap Kids）」が代表的です。「ジンボリー」と「ギャップ・キッズ」はほぼ同じ品揃えですが、あえて言えばジンボリーの方が、細部にまで配慮した服が多い気がします。たとえば赤ちゃん用靴下ひとつとっても、ジンボリーのものはゴムがゆるく、赤ちゃんの肌を締めつけないように配慮されていますし、靴の素材もやわらかいものが多いです。この2店はいつも観光客向けにセールやバーゲンをしていますから、値段も手ごろです。

またブランドものの掘り出しものを見つけるのなら、文

句なく「ロス・ドレス・フォー・レス（Ross Dress For Less）」です。アラモアナ・ショッピングセンターから山側に歩いて5分のところに1軒と、ワードウェアハウス北側、スポーツ・オーソリティの隣にも1軒あります。ブランドのものでシーズン遅れやちょっとした傷ものなどの「B級品」を扱っていますが、もちろんすべて新品です。ベビー服のブランド品もあり、驚くほど安い値段で手に入ります。

ベビー用品全般の買いもののために、産前に必ず行っておきたいのが「トイザらス（Toys"Я"Us）」。パールリッジショッピングセンターの隅、カピオラニ病院の分院の前にあります。ここでは、A型ベビーカーと、新生児（Newborn）用のオムツを少し多めに買っておきましょう。新生児用のオムツは、ワイキキのフード・パントリーやダイエーでは買えません。

日本から持ち込んだパソコン関係の用品は、何と言っても「コンピューエスエー（CompUSA）」。パソコン本体はもちろん、マウスやケーブル、イヤホンマイクの周辺機器からプリンター用紙、インクなどの消耗品まで何でもそろいます。そのそばには、あらゆる文房具を置いている「オフィス・マックス（Office MAX）」があります。ついでに一回りしておくと便利ですね。

「コスコ（Costco）」は日本にもある会員制の超大型卸売りストア。食料品から日用品まで何でもケース単位で激安なので、長期滞在者にはもってこいです。食肉売り場で、豚が半身で売っていたりします。魚じゃないですよ、豚が、です！　会員制なので日本店の会員証があればすぐに入れます。ない場合でもその場で日本のパスポートを見せれば会員になれるので大丈夫。年間35ドルの会費です。

マガジンクーポンで生活費を節約

ハワイでの街角を歩いていると、歩道に新聞スタンドのようなものがやたら目につきます。これは観光情報誌のスタンドです。観光客向けのフリーペーパーや無料誌がたくさんおいてあり、さまざまなサービスクーポンを提供しています。何冊か持って帰り、部屋でじっくり読んでみましょう。

日本語のものでは「ジャパニーズ・ビーチプレス」「旅のガイドハワイ」などがありますが、お勧めはアメリカの“This Week”。縦に細長いこの雑誌は全文英語ですが、中に各店のディスカウント・クーポンが沢山ついています。

実はフリーペーパーのこうしたサービスは、同じお店でも、日本語誌より英語誌の方が高いサービスを提供している場合が多いのです。たとえばワイキキのあるレストランでは、日本語誌のクーポンでは「食後のドリンクとデザートが無料」というサービスでしたが、英語誌のクーポンでは「2人でディナーを注文すると、1人分は半額！」となっていたりします。

　クーポンにはさまざまな種類があって、レストランやコーヒーショップだけではなく、オプショナル観光ツアーやおみやげもの、場合によっては空港までのタクシーがディスカウントになるものもあります。ぜひ上手に使って、節約の役に立てましょう。

インターネット電話で国際電話の通話料がタダに

コンドミニアムでは、たいてい市内通話料金は家賃に含まれていますが、国際電話料金は含まれていません。ホテルサービスを使うと非常に高くて不経済なので、ひと工夫しましょう。

　パソコンを持参した人は「インターネット電話」を利用しない手はありません。たとえばマイクロソフトやＹＡＨＯＯ！のメッセンジャー[注6]をダウンロードしておけば、イヤホンマイクひとつで、無料の国際電話がかけられます。音質は若干落ちますが、それでも出始めのころの携帯電話と同じくらいの音質はあり、通話には十分です。下記のアド

注6）
● Yahoo!メッセンジャー
http://messenger.yahoo.co.jp/
●ＭＳＮメッセンジャー
http://messenger.msn.com/

レスから無料でダウンロードできます。

ハワイでインターネットを使うとき、理想的なのは現地のプロバイダに加入することですが、これはＳＳＣ（ソーシャル・セキュリティ・カード）がないとできません。ですから、日本から行った方は「日本で加入したプロバイダのハワイのアクセスポイント」につなぐことになります。

ところが、プロバイダによっては海外のアクセスポイントにつなぐと「ローミング料金」がかかるところがあります。これがときには20円／分にもなり、バカにならない値段です。

「ハワイにアクセスポイントがあり、ハワイでつないでも余分な料金を取られない日本のプロバイダ」は、現在のところｓｏ-ｎｅｔやＡＯＬなどに限られています。こういったサービスは変更されることも多いので、詳細に関して

は各社に問い合わせてみてください。

日本への小包は郵便局が便利

日本への手紙や小包を出すとき、利用するのが郵便局（U.S.Postal Service）。サラトガ通りに大きなワイキキ支局があります。また、カラカウア通りのロイヤルハワイアン・ショッピングセンターの中やダイエーにも小さなコーナーがあります。日本へのエアメール葉書、小包などはここでも出すことができます。切手や葉書はもちろん、大小さまざまなサイズの箱や梱包材料などがそろっていて、帰国の荷造りのときにも便利です。

column

5

最も安い送金方法〈国際郵便振替〉

日本からアメリカに送金するとき、多少時間がかかってもいいのであれば、郵便局から「国際郵便振替」で現地銀行口座に送金する方法がお勧めです。私たちが調べた限りでは最も安い送金方法です。

これで「電信振替」でなく「通常振替」を選べば、手数料は、金額にかかわりなく、何と400円です（仲介手数料12ドル、口座登記料除く）日数は4日～6日です。

準備の合間のお勧め散歩コース

買いものが終わったら、ぜひハワイのきれいな自然の中を散歩に出かけましょう。ワイキキ東部にある広大なカピオラニ公園は、緑の芝生が広がり、あちらこちらに大きなバニヤンツリー（菩提樹）があり、その下の木陰にはベンチがあります。冷たい飲みものを脇に置いて、ハワイのそよ風に吹かれながらのんびり読書なんて、日本では味わえないゼイタクです。

公園内にはホノルル動物園やワイキキ水族館があります。言葉がわからなくても十分楽しめます。

ビーチのお散歩と言えば、一も二もなくワイキキビーチ。

ハワイを代表するこのビーチは、いつも大勢の日本人観光客でにぎわっています。このビーチにある交番は、日本語が通じますから、万が一のことがあっても安心です。ただ、ビーチは陽射しが強いので妊婦さんは11〜15時は避けた方がいいでしょう。

　もし、コンドミニアムがワイキキの西側だったら、フォート・デ・ルッシーは広くてのんびり過ごせる穴場です。また、ワイキキからちょっと足を伸ばせばアラモアナ・ビーチパークやマジックアイランドも、家族連れで楽しめる公園です。アラモアナ・ショッピングセンターの真正面なので、買いものがてら寄ってみてもいいですね。

column

6 便利なシティバンクのドルカード

アメリカ最大の銀行グループ「シティグループ」の日本支社「シティバンク」。さすが外資系だけあって、こんなカードを発行しています。このカードは「ドル建て決済のカード」で、アメリカで使うと、現地通貨「ドル」でそのまま決済をしてくれます。つまり、「円」の預金ではなく、日本で貯めている「ドル預金」からの引き落としとなるわけです。シティバンクは24時間いつでも、インターネットやフリーダイヤルで預金の移動（円預金↔ドル預金）ができますから、レートのいい円高のときを見計らって円→ドルにしておけば、その後渡米した後に現地で円安になっても、「円高レートで買えたドル」を使えることになり、実質的におトクな買いものになります。

第3章のポイント

●ハワイに到着したら、午後一番に検診を受けに行く。

●アメリカでは無痛分娩が主流。

●病院見学に行き緊急時入り口などをチェック。

●出産前に小児科のドクターと会っておくと、出産後の検診がスムーズに。

●産前のクラスに参加、妊婦体操・乳頭マッサージ、赤ちゃん用品の買いものなどをしつつ、出産に備える。

●大型店やマガジンクーポンをうまく使って、生活費の節約を。

●準備がすんだら、暑い時間は避けてのんびり散歩し、ハワイの町を満喫。

Let's have a baby cheerfully in Hawaii

第4章

至れり尽くせりの医療環境でいよいよ出産

陣痛が5分間隔になったら病院へ

陣痛は「生理痛の痛みに似た腹部の鈍痛」と考えてください。これが数十秒間続きます。この痛みが定期的に来るようになってきたら、身支度をはじめましょう。病院に持参する荷物を確認し、お風呂に入っておくのがお勧め。出産してしばらくするまでシャワーには入れませんから、体を清潔にしておきましょう。そしてドクターに連絡をし、陣痛が5分間隔になったら、病院に行きます。

病院では寝巻きや使い捨ての下着（生理用品）が用意されているので、化粧品や歯ブラシと帰りの洋服を持てば、荷物はほとんど必要ありません。しかし、意外にあると便

利なのがボディソープやシャンプー、リンスです（病室にはすべてシャワーがついています）。また、赤ちゃんが乗って帰るチャイルドシートもお忘れなく。陣痛が5分間隔になったら、医師に連絡を取り病院へ向かいます。病院は時間外の場合、急患入口から入ります。

分娩室には親切なナース

病院に着くとすぐに分娩室へ。たいてい、入口から車椅子で送ってくれます。ベッドに横になったら、ただちに陣痛の測定器と赤ちゃんの心音を図る測定器の端子がお腹にセットされます。入院した時点でナースに無痛分娩を希望すれば、麻酔科のドクターを手配してくれます。陣痛がきて子宮口が大きく開くまでは、ナースが飲みものを持ってきてくれたり、背中をさすってくれたり、親切丁寧にお世話してくれます。

測定器のデータは常にナースステーションに送られ、少しでも異常があると、ナースが部屋にやってきます。

分娩室は日本とは違い、広々とくつろげるようになっています。分娩室にはシャワー・トイレ、そして簡易ベッドもあり、つき添いのお父さんもその部屋で泊まれます。

なお、入院してから出産までの間、食事はできません。水分のみの摂取となります。

赤ちゃんが出てくるところを見るのも可能

子宮口が開いてきたら、いよいよ出産です！　子宮口が開き、出産が近くなってきたら、ナースステーションがドクターを呼び出します。ドクターは赤ちゃんが出てくる直前に登場します。アメリカではいわゆる「立会い出産」が普通ですが、日本と違い、カーテンで下半身を仕切ったりしません。それどころか妊婦さん自身に「赤ちゃんが出てくるところ、見ますか？」と聞き、ＹＥＳであれば、正面に鏡を置いて、自分で赤ちゃんが出てくるところを見ながら出産ができます。こうすることで妊婦自身が「いきむ」タイミングがつかみやすいようです。

へその緒を切るのはお父さん

日本だと「立会い出産」といっても、お父さんがやれることはお母さんの手を握って励ましたり、声をかけたりするだけです。しかし、アメリカでは、看護婦さんと一緒に、立会いのお父さんも出産そのものに参加することできます。中には、お母さんの脚を持って支えたり、一緒に呼吸の合図を取ったりと、活躍するお父さんもいます。

そしてドクターによって赤ちゃんが産声とともに出てきたら「へその緒切り」はお父さんの仕事です。ドクターにはさみで挟んだへその緒を渡されたら、一気に切りましょう。これが結構つるつるしてて切りにくいのです。これで新しい家族の誕生です！

すぐにお母さんに抱っこ、おっぱいを吸わせる

アメリカでは「産湯」という習慣はありません。赤ちゃんが生まれたら、すぐに全身を拭き、タオルでくるんでからお母さんとのご対面となります。お母さんはそこですぐにおっぱいを含ませます。ここですぐに母乳は出ないのですが、おっぱいを吸われる刺激を受けることで、お母さんの体が母乳を作りはじめます。出なくても吸わせるようにしましょう。

出産後「快復室」へ移動する

病院の施設にもよりますが、快復室が別に用意されている場合、産後1時間ほどで車椅子で移動となります。大仕事を終えたお母さんは、こちらで1泊。病院によってはこの2つの部屋が一緒になっていて、分娩から退院まで同じ部屋で過ごす場合もあります。

気になる赤ちゃんですが、お母さんがゆっくり休みたいと思えば、ナースステーションに預けることもできますし、同じ部屋で夜を過ごすこともできます。ただ、新生児は夜中も泣いて目を覚ますため、多くのお母さんがいったんナースステーションに預けるようです。こちらの快復室にも、

シャワー、トイレはもちろん、電話、テレビもついています。つき添い用の簡易ベッドがあり、もちろんお父さんもこちらに一緒に移ります。

小児科のドクターによる検診

赤ちゃんが生まれると、あらかじめ決めておいた小児科のドクターへ病院から連絡が行きます。出産が日中であれば先生は夕方までに、もし夜中でしたら朝一番で来てくれるはずです。身長、体重、赤ちゃんの体に異常がないか、手足の関節は正常に動くか……など細かいチェックをしてくれます。そして赤ちゃんに何か治療が必要な場合は、小

児科のドクターが指示を出します。もちろんこれについては産婦人科のドクターは一切タッチしません。ここでも「医師中心主義」のアメリカのシステムが生きています。

アメリカの病院は
セキュリティが厳重で安心

アメリカの病院はセキュリティが本当に厳重です。赤ちゃんは生まれてすぐ、足にリストバンドをつけられ、同じ番号のバンドが親の手首にもつけられます。大切な赤ちゃんを他の赤ちゃんと取り違えないよう、赤ちゃんを移動したり面会するときには、つき添いの看護婦さんの身分証明証とこのタグのナンバー照合で、必ず厳重なチェックがあります。

　また、多くの病院ではこの赤ちゃんのタグが誘拐防止用の「電子タグ」になっています。病棟内のある場所から外に出ると、病棟中に警報が鳴り響き、警備員がとんでくるのです。くれぐれも、決められたエリアから不用意に出ないよう気をつけましょう。

母乳かミルクか、親が選択

　生まれた赤ちゃんを母乳で育てるか、ミルクで育てるか、それとも母乳／ミルクの混合で育てるか、これは親が選ぶことができます。いずれにしても親が一度決定をしたら、病院のスタッフはそれに従います。

たとえば、日本だと「母乳で育てたい」という希望を言っていても、母乳がなかなか出ない場合、ドクターや看護婦さんの判断で「お母さんが大変でしょうから、ミルクであげときましたよー」ということがあります。しかし、アメリカではそんなことは赤ちゃんの命にかかわる場合以外は、絶対にありません。そんなことを勝手にしたら裁判になるのです。

ですから、もし母親が「母乳だけで育てる」と言ったら、母乳が出なくて赤ちゃんが泣こうがわめこうが、病院は絶対にミルクはあげず、たまに薄い砂糖水を哺乳瓶であげるだけです。

もちろん途中で両親が方針を変えて「母乳／ミルク混合」とすれば、そこからそれに応じた処置をしてくれますから、

ご安心ください。

お祝いのバルーンと銀のスプーン

アメリカでは出産祝いに風船を贈る習慣があります。“Welcome!baby!”などと書いてあるバルーンです。生花のように傷まないし、便利です。花屋やギフトショップなどで買え、ヘリウムガスを入れてくれます。1週間くらいは部屋の中でふわふわとくらげのように漂っており、楽しいですよ。

また、生まれた子供にはお祝いに「銀のスプーン」をプレゼントする習慣があります。これを贈られると、その子は「一生食べるのに困らない」と言われています。日本にはない、アメリカの楽しい習慣です。

おじいちゃんやおばあちゃんにも、ハワイ旅行&孫のプレゼント

出産とはいえ、ハワイには長期の3ヶ月滞在となります。もし親御さん（生まれてくる赤ちゃんのおじいちゃん、おばあちゃん）と一緒に行くことができれば、「長期海外旅行&孫のプレゼント」と最高のプレゼントになります。そうでなくとも、産後は何かと人手がいるものです。出産経験のある方に手伝っていただけることは、それだけで心強いです。

第4章のポイント

●陣痛が5分間隔になったら病院へ。

●分娩室では、ナースが行き届いたサービスをしてくれる。

●お母さんは、鏡を使って赤ちゃんが出てくるのを見られる。

●お父さんは、へその緒を切るのがお仕事。

●出産後、小児科のドクターによる赤ちゃんの検診を受ける。

●アメリカの病院は、セキュリティが万全。

●母乳かミルクか、親が選択でき、病院側はそれに従ってくれる。

●おじいちゃんやおばあちゃんのつき添いは心強い。ハワイ旅行&孫のダブルプレゼントにも。

第 5 章

退院とその後の必要な手続き

①
翌日退院。
ママ、案外元気。
②
おじいちゃん おばあちゃんも ハワイに呼んじゃいました。
③
この子のパスポートは 2つあるのよ。
日本
日本国旅券
U.S.A
PASSPORT
まあっ…
④
将来は アメリカ人に なるってコト？
HAHAH
HAHAHA
HAHAH
HAHAH
?

アメリカでは翌日退院が通常。帰宅後も無理せず休養を

アメリカでは通常、出産の翌日には退院します。日本では「産後の回復」を病院でゆっくり過ごすという習慣がありますが、アメリカではそれは自宅で行います。そして、もし何か体調の不良や困ったことがあったら、必要に応じてまたドクターのところに戻っていく、という感覚です。子供が生まれたら翌日すぐに退院ですから、少しあわただしいですが、自宅の方がかえってくつろげる、と言う方も多いですね。また、車社会のハワイでは退院の際にチャイルドシートが必要です。これがないと病院が退院させてくれませんので、お忘れなく。

入院を延長したいときは、ドクターと相談してください。日本人はアメリカ人より産道が狭く、出産後のダメージが大きいと言われています。退院後、すぐに活動をはじめるアメリカ人を真似せず、1週間程度は静養してください。

ドクター、病院は個別に精算

ほぼすべての病院、クリニックでは支払いにクレジット・カードが使えます。日本では退院時に、その病院内で受けた治療をまとめて清算しますが、アメリカは完全な分業制になっています。つまり、病院にはあくまでも「病院使用料」だけを支払い、産婦人科・小児科医・麻酔科医

（無痛分娩の場合）の費用はそれぞれのクリニックから別々に請求が行くのです。ほとんどが郵便でコンドミニアムに請求書が届きます。

赤ちゃんの命名。ミドルネームは順序に注意

赤ちゃんの名前は、普通は病院で申請できます。申請用紙を渡されますから、赤ちゃんの名前と親の署名をすれば、病院が役所に提出してくれる場合がほとんどです。もし、どうしてもその場で名前が決まらなければ、ラストネーム（名字）だけを書き込み、名前は空白のまま用紙をいったん病院に出して退院します。後日、名前が決まったら自分

でホノルル市衛生局に届ければいいですが、面倒なので、できるだけ病院で提出してしまいましょう。ちなみに名前提出の期限ですが、手数料3ドルを払ったら、1年間までは待ってくれるとのことです。しかし、その間、ＳＳＮやパスポートの手続きができませんので、早めに出すに越したことはありません。

赤ちゃんはアメリカ人となりますので、ミドルネームをつけることができ、役所できちんと受理してもらえます。もちろんつけなくてもかまいませんが、ハワイでの出産を記念して、ハワイ語のミドルネームをつけるご夫妻が多いですね。しかし、日米では姓名の表記の習慣が違うために、ミドルネームをつける際は若干注意が必要です。

たとえば、「田中太郎」ちゃんに「アロハ」というミドルネームいう名前をつけるとします。つまり、フルネーム

で田中・アロハ・太郎という名前をつけるわけです。

アメリカの申請書にはミドルネームの欄があり、パスポートにもちゃんと記載されます。しかし、日本では住民票に欄がなく、どうしても日本の住民票でミドルネームをつけようとすると

田中・太郎・アロハ

と順序をひっくりかえさないと、英語に直したときに

TARO　ALOHA　TANAKA

になってくれません。つまり、習慣上、日本名ではミドルネームが名前（ラストネーム）の次にくる、ということ

になるんです。

これで、日本の小学校などに行くことになった場合、これは住民台帳で入学名簿ができますから、名簿では「田中太郎アロハ君！」と呼ばれるようになり、日本で暮らしていく間はずっとこの名前となります。

そうするとなんか名前の下にずっとカタカナ語がついて、いちいち説明するのもややこしいし、場合によっては変な名前とからかわれたりすることもあります。

そこで、日本人としてはミドルネームをはずす、という方法があります。本当は、日米のパスポートで名前が違うのはいけないのですが（厳密にいうと同一人物でない）、こういうケースが多いためか、ハワイの日本総領事館では日本語の「出生証明書（要訳文）」という書類を用意しています。ここの最下欄に「申し出事項」という欄があり、

ここで「米国の出生証明書の名前と日本の戸籍の名前とが違っても、同一人物である」ことの署名・捺印をすれば、OKです。

ハワイの記念にぜひハワイ語のミドルネームを、とお考えでしたら、下記の書籍[注7]が参考になります。ワードウェアハウスやワイケレ・ショッピングセンターのボーダーズという書店においてあると思います。参考にしてみてください。

出生証明は多めに取っておく

出産が大きな病院であれば、病院が衛生局に提出してか

注7）
●「Hawaiian Names English Names」
（Eileen. M.Root 著／Booklines Hawaii Ltd） 9.95 ドル
●「ハワイアンワードブック―愛 Love Aloha」（滝川徹著／枻出版社） 2,300 円

ら1週間〜10日で赤ちゃんの名前が役所に登録されます。そのころを見計らって自分で保健所に出向き、日本の住民票取得のように窓口で申請すれば、出生証明書（Birth Certificate）を取得できます。病院が出してくれない場合は、書類の提出は自分でやることになりますから、出産のときにドクターや病院によく確認してください。

　アメリカには日本のような戸籍制度がないですから、出生証明書が「赤ちゃんがアメリカで生まれたこと＝アメリカ国籍」であることを証明する正式な書類となります。これは一生ホノルル市に保存されます。

　他の手続きはすべてこの書類が必要になりますので、これが一番最初に取得すべき書類です。パスポート申請、SSN（ソーシャル・セキュリティ・ナンバー）申請などに必要になるので多めにコピーを取られるといいですよ。

アメリカのパスポートを取得

次にパスポートを取りに行きましょう。運転免許を取るまでは、赤ちゃんの「写真つき身分証明書」がこのパスポートになります。

パスポートは、連邦政府のハワイ出張所である[注8]“Federal Building”のオフィスで発行しています。

このオフィスに行くときに、赤ちゃんの写真を2枚、用意します。スピード写真でかまいませんが、目が開いていて、少なくとも左右どちらかの耳が写っている写真を用意してください。

写真屋は“Federal Building”の近くにもありますが、ワイ

注8)
Federal Building
住所:The Prince Kuhio Federal Bldg
300 Ala Moana Blvd, Honolulu

キキ交番横、シェラトン・モアナサーフライダーホテルの東端にある写真屋が便利です。「パスポート用」というと、サイズを調整してくれます。赤ちゃんの写真は日本の仮パスポート発行のときにも必要になるので4～5枚取っておくといいでしょう。

　パスポートの申請用紙は現地にあります。用意していくものとしては、赤ちゃんの写真の他に“Birth Certificate”とご両親の写真つきID（日本国パスポート）が必要です。親のID確認は両親二人ともが必要になりましたのでご注意ください（シングルマザーの場合は、シングルであることの証明が必要になります）。もしお父さんがハワイに来られない場合、特別の用紙をいったん日本に送り、お父さんに直筆でサインをしてもらい、申請用紙とともに提出しなくてはいけません。でも、もし、アメリカパスポートが、

ハワイで発行できなくても大丈夫。その場合は、帰国後に日本のアメリカ大使館・総領事館で発行してもらうことができます。

パスポートは通常の発行とエクスプレス（EXPRESS）発行があります。通常は発行に1〜2週間かかりますが、エクスプレスにすると、ちょっと高くなりますが3営業日で発行してくれます。いずれもホノルルのコンドミニアムの住所に郵送してくれます。帰国の日が近づいている場合などはエクスプレス発行をお勧めします。

ソーシャル・セキュリティ・ナンバーの取得手続き

パスポートが手に入ったら、次はＳＳＮ（ソーシャル・セキュリティー・ナンバー）です。これはアメリカ国民、ビザ取得者、永住権保持者が全員持っている「社会保障番号」です。こちらもパスポートと同じ“Federal Building”内にハワイのＳＳＮオフィスがあります。こちらに行って、申請書に必要事項を記入し、“Birth Certificate”と一緒に提出します。

　申請書類は、一度本土まで書類が送られて発行されますので、申請から到着まで2ヶ月ほどかかります。ＳＳＣ（ソーシャル・セキュリティー・カード）は郵送されてきますが、滞在期限に間に合わない場合は、現地で受け取っていただける方をお願いしておくことが必要です。ＳＳＣは国境を越えて転送してくれません。ハワイ内のご友人やサポーターの方等に日本まで転送をお願いしましょう。

日本人としての出生届。母子手帳に公印をもらっておく

いよいよ、日本領事館に日本人としての出生届を出します。"Birth Certificate"を2枚、日本から持参したお父さんとお母さんの戸籍謄本、印鑑（三文判可）、母子手帳を持参し、日本総領事館[注9]に行きます。出生届、出生証明書の和訳フォームは現地に用意してあります。こちらの書類はすべて日本語表記ですから、申請は難しくありません。

大切なことは、ここで出生届を出したときに必ず、日本語の母子手帳の1ページにある「出生届済証明」の欄に、ホノルル総領事館の公印をもらうことです。なぜなら、出生届はホノルルから日本の戸籍がある役所まで郵送で送られ

注9)
在ホノルル日本総領事館
住所:1742 Nuuanu Ave,Honolulu
TEL:808-543-3111
（時間外 1-800-776-3877）

ての登録となるため、ご両親の戸籍に赤ちゃんが日本人として登録されるまでに、数ヶ月がかかるのです。その間、ハワイにいる赤ちゃんが日本人であることを証明する唯一の書類が、この「母子手帳への公印」となるわけです。そしてこの公印があれば、次の「仮パスポート」は、赤ちゃんの戸籍謄本がなくても、発行してもらえます。母子手帳は必ず忘れずに持参してください。

第5章のポイント

●翌日には退院。帰宅後も無理せずしっかり休養を取る。

●ドクター、病院の請求書はそれぞれ別にくるので注意。

●赤ちゃんの命名はミドルネームに注意。日本語では順番が逆になる。

●出生証明を最初に取りに行く。多めにコピーを取って、アメリカのパスポート、ＳＳＮの取得手続きに使用する。

●アメリカのパスポートを取るには、赤ちゃんの写真、出生証明、両親の写真つきＩＤが必要。

●ＳＳＣは、到着まで2ヶ月かかるため、サポーター等に転送を依頼。

●日本人としての出生届を出すときは母子手帳を持っていき、日本領事館の公印をもらう。公印は赤ちゃんの仮パスポート申請のときに必要になる。

Let's have a baby cheerfully in Hawaii

第6章

帰国準備と赤ちゃん搭乗の際の注意点

帰国は赤ちゃんの鼓膜が固まってから

赤ちゃんは、生まれてから1ヶ月程度は帰国できないと思っていてください。というのは、生まれたての乳児は飛行機に乗ることができないからです。

飛行機での移動は大きな気圧の変化を人の体に与えますが、とりわけその影響を大きく受けるのが、耳です。生まれたての赤ちゃんはまだ鼓膜が固まっておらず、これが自分で動かせるようになるまでに、だいたい4~6週間ほどかかります。小児科医に診察していただいて、動かせることが確認できないうちは、赤ちゃんを飛行機に乗せてはいけません。最悪の場合、上空で鼓膜が破裂します。帰国日

を決めるのは赤ちゃんの耳次第、というわけです。

赤ちゃんの帰国便のチケットと専用ベッドの手配

鼓膜が固まって小児科の先生から飛行機搭乗の許可が出たら、帰国日を決めて帰国便の手配をします。そのときに赤ちゃんの帰国チケットも一緒に手配します。赤ちゃんの運賃は、だいたいどの航空会社も定価の10％程度となります。ご利用の航空会社のホノルル支店あるいは予約専用ダイヤルに問い合わせてみてください。

赤ちゃんのチケットを予約する際は「バシネット」と呼ばれる乳児専用のベッドをリクエストしてください。「壁掛けタイプ」のものと「床置きタイプ」のものがありますが、飛行機の中は結構寒く「床置きタイプ」は、赤ちゃんが冷えます。ぜひ「壁掛けタイプ」をリクエストしましょう。

赤ちゃんの仮パスポートの申請は帰国2〜3日前

チケットが取れたら、赤ちゃんの帰国のための仮パスポート（帰国のための渡航書）の取得をします。これを取らないと日本人として帰国できませんから、必ず取得しておきましょう。日本領事館で即日発行となりますが、有効期限が発行から1週間ですから、帰国の2〜3日前に行くといいでしょう。万が一帰国日を変更した場合、一度なら日本領事館で訂正印による帰国日の変更ができますが、二度目以降は渡航書そのものの再発行となります。必要なものは母子手帳と証明用写真2枚です。念のため、お母さんのパスポートも持参しましょう。

よく「アメリカのパスポートで日本に帰国すればいいのでは?」というご質問がありますが、そうなると赤ちゃんは「アメリカ人」としての日本入国となります。日米のビザ免除協定により「アメリカ人のビザなしの日本入国は、90日以内の帰国の航空券を有していること」が条件です。つまり、赤ちゃんがアメリカ人だとしたら、3ヶ月以内にハワイに戻る航空券を持っていないと、入国はできないのです。帰国後、赤ちゃんをしばらく日本で育てるのなら、日本へは「日本人」として帰国してください。

帰国前に郵便局で荷物の発送

帰国の1週間ほど前から、コンドミニアムを徐々に片付け始めます。もう使わないものは、ダンボールに入れて日本に送ってしまいましょう。発送は、旅行者用の宅配便を使ってもいいですが、郵便局が安上がりです。船便だと1～2ヶ月、航空便だと2週間程度で日本に到着します。帰国してすぐに使うもの、ゆっくりでいいもの、それぞれ分けて荷造りすると便利です。帰国の日は赤ちゃんが一緒です。とにかく送れるだけ送ってしまって、当日の荷物は極力減らされることをお勧めします。

出発当日。空港へは早めに到着を

ホノルル空港から日本行きの便は、ほとんどが朝の出発となります。ワイキキから空港に向かうハイウェイが出勤ラッシュで混む前に、早めに空港に到着しましょう。出発の朝には、コンドミニアムの清算をすませるのをお忘れなく。

ラウンジで　ミルク用のお湯をもらっておく

帰国便のチェックインをするとき「ベビーカーはどうしますか?」と聞かれます。「ドアサイドまで持っていきます」と言えば、そのままセキュリティゲートを通って搭乗口までベビーカーを利用できます。ホノルル空港は、中に入ってから搭乗口までがずいぶん歩きますから、最後までベビーカーを利用した方がいいです。

座席がビジネスクラスの場合、各航空会社のラウンジが利用できます。ぜひ早めに入って利用しましょう。オムツの交換もできますし、ここで熱湯ももらえます。熱湯はぜひミルク用に、魔法瓶にたっぷりもらっておきましょう。

機内で重宝します。

離着陸時にミルクを飲ませ、赤ちゃんの鼓膜を守る

出発時刻がきたら、搭乗口でベビーカーを預け、いよいよ座席について出発です。あらかじめリクエストしておいたバシネットが使えるか、スチュワーデスさんに確認してください。離着陸時はバシネットは使えず、お母さんがしっかり抱っこしたままの離陸になります。飛行機が滑走路に入ったら、哺乳瓶にミルクを作ります。離陸して上空にあがるまでの15分ほどが、耳にもっとも気圧がかかるときです。そのときに赤ちゃんにはずっと哺乳瓶で飲ませつづ

けてください。ミルクを飲みこむことで、耳の中の気圧を調整し鼓膜に負担をかけずにすみます。

帰国の際の着陸時も一緒です。シートベルトサインがついて、飛行機が降下を始めたら、ミルクを飲ませてあげてください。これで無事に日本に到着です。日本に無事到着したあとは、念のため必ず鼓膜をチェックしに小児科へ行きましょう。

第6章のポイント

- 赤ちゃんの鼓膜が固まり、飛行機搭乗の許可が出たら、帰国日を決定する。
- 赤ちゃんの帰国便のチケットと専用ベッドの手配をする。
- 帰国用仮パスポートの申請は帰国2~3日前に行う。
- 帰国の前に荷物の発送。郵便局をうまく使う。
- 出発当日、空港へは早めに向かう。
- 空港のラウンジで赤ちゃんのミルク用のお湯をもらっておく。
- 飛行機の離着陸時に哺乳瓶でミルクを飲ませつづけ、気圧の変化から赤ちゃんの鼓膜を守る。

付　録

よくある質問 & 体験者アンケート

①
あ〜〜っ
わかんなーい！！
観光ビザ？
保険きくの？
アメリカ国籍？
②
な〜んて時期もあったケド…
バタバタがんばってたら…
③
いつのまにか産まれちゃって…
④
いつのまにか子供も大きくなるんです。
さすがアメリカ国籍。

よくある質問

ハワイでの出産は慣れないことが多く、誰もがとまどいます。でも、一つひとつ解決していけば大丈夫。ここには、「ハワイで出産」研究会によく寄せられる質問をまとめました。参考にしてください。また、さらに詳しいこと関しては専門のサポーター等に相談することをお勧めします。

外国での医療が不安なのですが……。

先進国の中でも、アメリカの医療技術はトップレベルと言っていいでしょう。出産の分野でも、無痛分娩が主流ですし、妊婦さんは最初から最後まで完全個室（シャワー・トイレつき）でプライバシーを保ちながら出産、退院します。

日本語の話せるドクターはいますか？

はい、大丈夫です。ハワイは比較的日本人、日系人が多く、日本語を話すドクターが大勢います。

臨月になる前に現地の産婦人科医の診察を受ける必要はないのですか？

そのためだけでしたら渡航は不要です。渡航までは日本の産婦人科にしっかり診ていただいて、記録をしっかり母子手帳（英語版）につけておいてください。

パソコンがあると便利と聞いたのですが、現地でレンタルサービス等はありませんか？

現地にパソコンカフェはありますが、短期滞在者向けのパソコンレンタルというのはありません。もしあったとしても、OSやマニュアルは英語になりますし、日本語キーボードもない、いわゆる「現地機」となります。事業用の3~5年リース、というものでしたらできるとは思いますが、設定の問題があったりしますから、パソコンは使い慣れた日本のものを持参されることをお勧めします。

出産費用なのですが、アメリカでも30~40万円ですむと聞いたことがありますが?

保険をかけていない限り40万円では無理です。たとえばアメリカで「生活保護」を受けている人、アメリカ軍人の家族などについては公的な助成があり、自己負担がほとんどありません。しかし、外国人なのに自分で保険をかけていなければ、そのような金額では無理でしょう。実際に、

現地で産んだはいいが高額の請求書に腰を抜かし、あわててご相談される方が時々いらっしゃいます。アメリカは医療費が高いです。費用は十分に準備し、あわてないようにしてください。

生まれた子供が二重国籍でいるためにしなくてはいけないことと継続費用は？

ハワイで生まれれば、そのままアメリカ国籍が取得できます。そしてそれを維持するのに特別な費用は不要です。もちろん、ＳＳＣ（ソーシャル・セキュリティ・カード）も無料でもらえます。

二重国籍のデメリットはなんですか？

あげるとすれば、ひとつあります。それは、もしアメリカが戦争をして

徴兵制を実施したら、男性には兵役義務が発生する可能性があることです。

アメリカ国籍を持っている場合、徴兵は拒否できないのですか?

拒否すると罰せられます。しかし、その場合はアメリカ国籍を放棄すれば徴兵されることはありません。

22歳以降二重国籍のままで、日本からの出国及び米国への入国の際にパスポートを皆さんどのようにされていますか?

国籍法の規定により日本国は22歳以降の二重国籍を認めていません。22歳の誕生日までに必ずどちらかの国籍を選択しないといけません。詳しい手続きはお住まいの区市町村役所にお尋ねください。

子供がアメリカ国籍を選択すれば、親は自動的に永住権をもらえるのですね？

アメリカで出産したからといって両親が自動的に永住権を手に入れられるということではありません。まず子供が将来アメリカ国籍を選択しなければ、両親も永住権とは無縁になります。また、アメリカ国籍を選んだ場合、その子供の両親は米国永住権の申請をすることができますが、永住権が取れるかどうかは移民局の審査によります。この資格認定は年々厳しくなっており、以前のように「子供が米国人だったら無条件でついてくる」、というものではなくなっているのが現状です。

体験者アンケート

最近、ハワイで出産をされる方が増えています。その方たちの中から数名の方にアンケートをお願いしたところ、臨場感のある生の声が集まりました。皆さんにとって役に立つ情報もいっぱい詰まっています。ぜひ参考にしてください。

質問事項

1 ハワイで出産しようと思ったきっかけは何ですか？

2 ハワイで出産して一番「よかった」ことは何ですか？　そして一番「大変なこと」は何でしたか？

3 「これは日本から持っていくと便利だ」というものがありましたら教えてください。

4 次にお子さんができたら、またハワイで出産したいですか？　したくないですか？　また、それはなぜですか？

5 ハワイで日本との生活習慣の違いで困ったことがあったら教えてください。

6 ハワイに到着してから赤ちゃんが生まれるまでの間（出産前）、生活の上で一番気を使っていたことは何ですか？

7 赤ちゃんが生まれてから帰国するまでの間（出産後）、生活の上で一番気を使っていたことは何ですか？

8 ハワイでの出産で、もっとも「リスク」だったと思われることは何ですか？

9 ハワイでの出産で、もっとも「成果」だったと思われることは何ですか？

10 これからハワイで出産する方にむけて、これは特に、というアドバイスがあったらお願いします。

◆（京都府京都市在住：Mさん）

1 友人がハワイで出産を2年前にしており、大変快適だったと聞いていたので、興味を持ちました。ハワイで出産しようと思ったもうひとつのきっかけは、子どもが将来アメリカ留学などを望んだときに、色々なチャンスを与えてやりたいなと考えたことです。

2 よかったことは、妊娠中は、バスなどで、みんなが気軽に「子どもが産まれるの？」と聞いてきて“congulaturations!”と声をかけてくれたこと。もちろん、席は優先してくれます。アロハスピリットを体感しました。大変だったことは無痛分娩だったのですが、途中でカテーテルが抜けて、地獄のような陣痛を味わったこと。でも、日本の妊婦さんはみんな、経験しているのですよね。痛いときに、英語で色々説明するのが大変でした。

3 円座クッションは日本から持っていくといいです。“episiotomy”（会陰切開）

は辛かったです。

4 次の子は日本で産みます。旦那も一緒に行けるのならいいのですが、3ヶ月離れなければならないし、子どもと2人っきりは心細いです。あと、贅沢ですが、時間がありあまるほどあって、とても暇すぎました。

5 生活習慣の違いで困ったことは、特にありませんでした。日系人が沢山いるので、日本食にも困らないし快適でした。

6 ハワイでは、運動をちゃんとすること、体重が増えすぎないようにすること、それから転ばないこと、に気をつけていました。マタニティクラスに行くと、凄く太った妊婦さんが沢山にて、みんなコーラ片手にポテトチップスをぼりぼりという世界ですけれど。

7 赤ちゃんが生まれてから気をつけていたのは、母乳があまり出なかったので、しっかり水分をとって、栄養をとることでした。食材が限られているので料理には気を使ってもらいました。（母が1ヶ月手伝いに来てくれました）チャイナタウンには新鮮な青菜や野菜が沢山売っています。

8 最大のリスクは保険がないので、子どもや自分にトラブルが起きると天文学的な医療費がかかるかも知れないということと、1人でいるときに早産になったりすることです。

9 米国籍を拾得できたことが一番の成果。出産までの1ヶ月半、これからの人生であるかどうかわからないようなバカンスを経験できた事。日系アメリカ人の多いハワイで、日本人であるということを改めて考えさせられました。

10 心細いことや、いろいろ、手探りでわからないことがあると思いますが、ハワイの病院のスタッフ、タクシーの運転手さんも含めて、みんな優しい人が多いように感じました。安産の決め手は、バランスの取れた食事だと思います。できるだけ、自炊をお勧めします。炊飯器も簡易のものなら、50$で売っています。あとは、リラックスと運動ですね。子どもの将来のために頑張ってください!

（東京都江東区在住：Ｏさん）

1　すばらしい気候と景色の中でリラックスして出産に望むという第一の目的と産休を利用して海外での生活体験をすること。

2　楽しかったことは、東京での時間に追われた生活とはかけ離れたゆったりとしたハワイ時間のなかで、いろいろなものに感動する機会に触れたこと。大好きなハワイアンや念願のウクレレ演奏が胎教になった？こと。出産後、夏休みに重なったこともあり、家族やたくさんのお友達がお祝いに駆けつけてくれたこと。大変だったことは実際の出産のとき、突然の破水から始まったため1人で病院に行ったこと。その後、本来日本であればナースなどによる母乳指導があるはずがこちらではそういったマッサージ等がなく、退院後、Midwifeのコンサルテーションを受けたこと（結局、粉ミルクに頼らず授乳回数を増やすことで解決しました）。

3 日本から持っていった方がいいものは、ウエットティッシュ、紙オムツ、哺乳瓶、母乳パッド、産褥用ナプキン等。アメリカ製のものは、固めでごわごわしているものが多かったです。また、100円ショップで買えるほとんどの生活用品も日本から持参した方がよかったです！　とくに包丁、キッチンばさみ、洗濯用ネット、部分洗い用漂白剤、接着テープつきフック（タオルや袋などをかけるため）は、日本のものが便利でした。また、赤ちゃん用の手袋もぜひ日本から持参しましょう。日本から2組持っていったのですが、ハワイで替えをずいぶん探しました。アメリカにはもともと手袋が少なく、あっても大きくて素材が固いので、なるべく使わないようにしていたのですが、赤ちゃんがどうしても顔をひっかいてしまうため、保護のためにつけていました。

4 次の子供もハワイで出産したいと思います。姉妹のなかで差があるのはおかしいと思うし、日本で出産するメリットがないと思われるため。

5 ワイキキに観光で滞在するのとは違うので、やはり英語力が必要だと思いま

す。いくらハワイでもアメリカですから。

6 ハワイで出産前、気を使ったことは、ゆったりした気持ちで過ごすこと。なるべく自炊して栄養バランスのいい食事をとること。適度な運動（散歩とか家事）をすること。

7 出産後も出産前を同じことに気を使いました。

8 リスクは、どんな場合も実際出産して見ないとどういう状態か母体も赤ちゃんも含めて想像できないこと。たとえば帝王切開になってしまう場合など。

9 もっとも成果だったのは、色々な意味で日本で出産する場合よりも、両親が力を合わせてお互い協力し合い相談しあって、結晶をはぐくむ最終段階をつくりあげたこと。

10 大変なことはそれぞれのご家庭でたくさんあると思います。時間的なこと、経済的なこと、体力的なこと。ただ、それを全部クリアできた場合、得られるものは想像をはるかに超えてすばらしいものだと思います。

（大阪府大阪市在住：島崎友香さん）

1　短い妊娠期間をハワイで楽しく過ごしたいと思ったのが、ハワイで出産しようと思ったきっかけです。将来アメリカで暮らせるようになれればそれに越したことはないのですが、そうでなくてもいい思い出になると思いました。

2　よかったことは無痛分娩で出産できたことです。最近では日本でも増えてきた無痛分娩ですが、本場というか、やはりアメリカではポピュラーです。私は麻酔が効いている間に出産できたのでびっくりするほど楽なお産でした。大変だったことはマタニティブルーだったと思います。知らない土地で主人と離れていますし、夜、上の子供たちが寝たあとなど急に寂しくなってよく日本に電話をかけました。

3　日本から持っていった方がいいものは、肌着！　ハワイは可愛いベビー服などはいっぱいあるけど、日本のように裏表を逆にして縫い目が赤ちゃんにふ

れないように肌触りに気を使った肌着は見つけられませんでした。

4　次の子もぜひハワイで産みたいですネ！　上の子もハワイで産んであげればよかったと思うほどです。やはり国籍を選択させてあげられるのが一番のプレゼントですが、海外での出産は家族の絆をより深めてくれると思います。

5　困ったことは特にありませんが、食べ物の賞味期限があまりにもあいまいで困りました。でも、慣れてしまいました。（笑）

6　主人が出産予定日にあわせて1ヶ月ハワイに滞在したのですが、主人が到着前に子宮口が1センチ開いたり、主人が到着してもなかなか産まれなかったりタイミングをはかることばかり考えていたように思います。でもこればっかりは仕方ないですよね。（笑）出産される方のご主人は時間にゆとりをもってあげて下さい。

7　産まれるまでに食材を充分ストックしてなかったので、買い物に行けず困りました。赤ちゃん連れの外出は1時間が限界でそれ以上は泣きわめくので無理でした。あと、帰りの飛行機では鼓膜が敏感なときでしたので、周りの方

に迷惑にならないように主人がずーっと抱っこしてくれていました。

8 やはり日本で出産するよりお金はかかります。それから、赤ちゃんの鼓膜の状態で帰れる日が決定しますので、出産後の帰国予定は少し余裕をもったほうがいいですね。

9 この出産で、精神的に強くなりました。家族の絆もさらに深まったと思います。上の子はプレスクールでお友達もできました。産まれた子供は二重国籍のアメリカ人です。

10 心配や不安もあると思いますが、お金と時間、それに家族の理解のある人は勇気をだして是非足を踏み出して欲しいです。きっとお金には変えられない素晴らしい経験ができると思います。

（東京都世田谷区在住：時任裕子さん＆英陽さん）

1 「子供にアメリカ国籍を取得させたい」という主人からの提案がきっかけでした。また、無痛分娩があることや医療水準が高いことが決断の要因となりました。

2 出産前の1ヶ月間を、ハワイの温暖な気候でリラックスして過ごせたことが、胎教によかったと思います。大変だったことは日本と違い産後すぐに退院するので、体がきつかったです。1週間は入院したかったです。

3 清浄綿はアメリカでは売っていません。日本の粉ミルク、パソコンも持っていくと便利です。

4 私自身は日本でもハワイでもどちらでもいいです。しかし、兄弟の一方にアメリカ国籍がないとかわいそうなので、また、ハワイで生むかもしれません。

5　生活習慣ではないのですが、食事が口に合いませんでした。また、量が多いことにも驚きました。

6　ハワイで赤ちゃんが生まれるまでの間は体調の管理に気を使いました。

7　赤ちゃんが生まれてから帰国までの間は授乳について気を使いました（乳腺炎になり大変な思いをしたので）。

8　ハワイでの出産で、もっともリスクだと思うことは帝王切開や赤ちゃんが保育器に入ったときにかかる費用です。

9　ハワイでの出産で、もっとも「成果」だったのは主人が赤ちゃんが生まれる瞬間に立ち会えたことです。

10　ハワイでの出産は観光とは全く違います。妊婦が1人で渡航するのは非常に大変です。3ヶ月間ご家族がつき添われることをおすすめします。

ハワイで役立つ電話番号表

phone directory

● 医療（24 h）	
・ Physician's Exchange	808-524-2575
・ ドクターズ・オン・コール	808-923-9966
● 緊急時の連絡先	
・ 警察・救急車・消防車	（局番なし）911
● 郵便局	1-800-275-8777
● USパスポート・オフィス	808-522-8283
● ソーシャルセキュリティ・オフィス	1-800-772-1213
● 州衛生局（出生証明書）	808-586-4533
● 在ホノルル日本総領事館 （日本のパスポート取得手続き、出生届）	808-543-3111 （時間外 1-800-776-3877）
● 航空会社	
・ 日本航空	1-800-525-3663
・ 全日本空輸	1-800-235-9262
・ ノースウエスト航空	1-800-692-2345
・ ユナイテッド航空	1-800-241-6522
● 移民局	808-532-3721
● ホノルル警察署	808-529-3111
● 市バス案内	808-848-5555
● 市バス忘れ物	808-848-4444
● ハワイ州観光局	808-923-1811

【ハワイで出産のご相談は…】

● 「ハワイで出産」研究会　http://www20.u-page.so-net.ne.jp/td6/tki/
● Eメールアドレス　hawaii@td6.so-net.ne.jp

タイムスケジュール

time schedule

※出産予定日を基準として

5ヶ月前	■コンサルタントに相談。
4ヶ月前	■出発日を出産予定日の1〜1.5ヶ月半前に設定する。それに合わせてOPENタイプの航空券を予約する。 ■滞在先のコンドミニアムを確保。
3ヶ月前〜2ヶ月前	■ハワイで使う荷物を事前発送する。 ■ドクターを決め到着日に合わせて予約する。
1ヶ月前	■ハワイへ出発。到着日の午後一番で、産婦人科のドクターの検診を受ける。 ■病院見学に行き緊急時入り口等をチェック。
3週間前〜出産当日まで	■産前のクラスに参加、妊婦体操、乳頭マッサージをしておく。 ■出産前に小児科のドクターと会っておく。 ■退院に必要なチャイルドシートを購入。 ■ベビー服やおむつなど、必要な買い物をすませておく。 ■準備がすんだら、日差しの暑い時間は避けてのんびり散歩、ハワイを満喫。

出　産　当　日

■陣痛が5分感覚になったら病院へ。
■ついに出産！！
■出産後、分娩室から快復室へ移動する。
■小児科のドクターによる赤ちゃんの検診を受ける。

退院から帰国まで

■出産の翌日に退院。
■清算はドクター、病院別々に行う。
■出生証明を多めに取りに行く。
■アメリカのパスポートを取得。
■ソーシャル・セキュリティ・ナンバーの取得手続きをする。
■日本人としての出生届を出す。母子手帳を持っていき、公印をもらう。
■赤ちゃんの鼓膜の検診。鼓膜が固まり飛行機搭乗の許可が出たら、赤ちゃんの帰国便のチケットと専用ベッドの手配をする。
■コンドミニアムを片付け、荷物の発送をはじめる。
■帰国用仮パスポートの申請（帰国2〜3日前）。

出　発　当　日

■コンドミニアムの清算。
■空港へは早めに向かう。
■帰国。

アメリカ人になって、どうするのですか？

子供にアメリカ国籍を取った、と言うと、よくこう言われます。

アメリカ国籍のメリットはたくさんあります。まず、アメリカの義務教育が無料になりますし、国籍があれば滞在するのにビザが要りません。アメリカで暮らすのも、勉強するのも、そして働くのすら、自由です。多くの方があこがれるグリーンカード（永住権）すら不要になります。

でも、ハワイでの出産にはもっと大きなメリットがあります。ひとつは、臨月から出産という大切な期間を、リラックスして、自然豊かなハワイで過ごせることです。仕事や人間関係など日本でのわずらわしいことを一切忘れ、ゆったりとした気持ちで新しい家族を迎えられる。これは本当に素敵なことです。

そして、こんなメリットもあります。実際にハワイでの出産を体験されたある女性が、しみじみとこうおっしゃっていました。

「言葉の不自由なアメリカで、はじめての出産でしたから、いろいろな困難に直面しました。でもそのたびに夫婦でたくさん話し合いをして、いっぱい考えて、力を合わせて乗り切りました。日本で生んでいたら、こんなに色々とお互いのことを話し合ったり、将来に対する考え方を交換したりしなかったと思います。このことで夫婦の絆が強まったことも、大きな収穫のひとつでした」

ハワイ出産にはもちろん準備が必要で、費用もかかります。しかし、それを補って余りある喜びが得られる、というのが実際に「ハワイ出産」を体験した多くの女性たちの感想です。多くの女性に、その人生での得がたい体験を得る心強いガイドブックとして、この本を活用していただければ幸いです。

最後になりましたが、この本は実に大勢の方のご協力でできあがりました。まず、私たちのこのささやかな本に大きな励ましと推薦のお言葉をいただいた、海外出産・育児研究家のノーラ・コーリさんには感謝の言葉を尽くしても尽くしきれません。本当にありがとうございました。また、この本を出版するにあたり、お世話になった英治出版の原田英治さん、秋元麻希さん、私には夢があるの和田清華さん、岩崎久美子さん、その他スタッフの皆様に心から感謝申し上げます。そして最後に、インタビューに答えていただいたすべての「ハワイ出産」体験者のお母さん＆お父さんたちに、お礼を申し上げたいと思います。

「ハワイで出産」研究会

「ハワイで出産」研究会

2001年、新世紀と同時に設立。当会では実際の体験者の情報をもとに「ハワイ出産」の総合的な情報案内と具体的なアドバイスをしています。問い合わせはEメールでお願いします。

● URL　http://www007.upp.so-net.ne.jp/baby-hawaii/
● Eメール　hawaii@td6.so-net.ne.jp

参考文献：「ハワイで赤ちゃん」（ノーラ・コーリ著）
URL　http://www.angelfire.com/wi/caretheworld/index.htm

本書の内容は2002年8月現在の法令・情報に基づいています。

ハワイで元気に赤ちゃんを産もう！

―妊娠・出産を南の島で快適にする方法―

発行日　2002年10月15日　第1版　第1刷
　　　　2010年12月15日　第1版　第2刷

著者　「ハワイで出産」研究会

発行人　和田清華

発行　有限会社私には夢がある
〒150-0047 東京都渋谷区神山町41-5-2B
電話&FAX　03-3467-5476
http://www.yumearu.com/

発売　英治出版株式会社
〒150-0022 東京都渋谷区恵比寿南1-9-12 ピトレスクビル4F
電話　03-5773-0193　　FAX　03-5773-0194
http://www.eijipress.co.jp/

印刷・製本　Eiji 21, Inc., Korea

装丁　NUTS GRAPHIC DESIGN

イラスト　有限会社ゆうコム　菊池宣弘

DTP　秋元麻希

ISBN978-4-901923-00-2　C2077　Printed in Korea